Finnish Tutor

Grammar and Vocabulary Workbook

Riitta-Liisa Valijärvi

First published in Great Britain in 2017 by Hodder and Stoughton. An Hachette UK company.

9781473617438

9

Typeset by Cenveo® Publisher Services.

Printed and bound in Great Britain by CPI Group (UK) Ltd., Croydon, CR0 4YY.

John Murray Learning policy is to use papers that are natural, renewable and recyclable products and made from wood grown in sustainable forests. The logging and manufacturing processes are expected to conform to the environmental regulations of the country of origin.

Carmelite House
50 Victoria Embankment
London EC4Y 0DZ
www.hodder.co.uk

CONTENTS

UNIT **1**
Hei! Kerron sinulle vähän itsestäni 1
Hello! Let me tell you a little bit about myself

UNIT **2**
Mitä teen joka viikko 10
What I do every week

UNIT **3**
Vuokralle tarjotaan 19
Property to rent

UNIT **4**
Alkuruoaksi lohikeittoa 28
Salmon soup as a starter

UNIT **5**
Olen syntynyt Hyvinkäällä, mutta kävin koulua Rovaniemellä. 37
I was born in Hyvinkää but I went to school in Rovaniemi

UNIT **6**
Kaikkia harmittaa, jos ei sada lunta 47
Everyone is disappointed if it doesn't snow

UNIT **7**
Nautin meditaatiosta ja hiljaa olemisesta 55
I enjoy meditation and being quiet

UNIT **8**
Sinun pitäisi syödä terveellisemmin ja liikkua enemmän 63
You should eat more healthily and do more exercise

UNIT	CEFR	TOPIC	LEARNING OUTCOME
UNIT 1 **Hei! Kerron sinulle vähän itsestäni** pages 1–9	A2	*Family and appearances*	• Describe your family; describe a person's appearance and personality
UNIT 2 **Mitä teen joka viikko** pages 10–18	A2	*Daily routines*	• Describe habits and routines; write about the everyday aspects of your environment
UNIT 3 **Vuokralle tarjotaan** pages 19–27	B1	*Housing, rooms, furniture*	• Read flat advertisements; describe your flat or house
UNIT 4 **Alkuruoaksi lohikeittoa** pages 28–36	B1	*Food and drink; restaurants*	• Describe food and drink
UNIT 5 **Olen syntynyt Hyvinkäällä, mutta kävin koulua Rovaniemellä** pages 37–46	A2	*Life story*	• Read about people's lives; describe past events and your life
UNIT 6 **Kaikkia harmittaa, jos ei sada lunta** pages 47–54	B1	*Weather and feelings*	• Describe weather, season and feelings

LANGUAGE		SKILLS	
GRAMMAR	**VOCABULARY**	**READING**	**WRITING**
Different noun types in singular and plural Consonant gradation	Family; appearance; personality	Read an email about a person's family	Write an email describing a family
Different types of verbs in the present tense, both negative and affirmative	Daily routines; temporal expressions	Read a short magazine article	Write a short description of daily routines for a magazine feature
The local case endings in the singular and the plural Different types of existential clauses	Housing; rooms; furniture	Scan and look for information in flat advertisements	Describe your home to a potential tenant
Different forms of the object in the singular and the plural Equative clauses	Food and drink; restaurant	Read a restaurant review	Write a restaurant review
The simple past, perfect and pluperfect tenses Basic conjunctions	Life story	Read a short biography	Write your biography
Subjectless and experiencer clauses	Weather; seasons; months; points of compass; feelings	Read a personal description about the weather and the seasons in Finland; read a weather forecast	Write an essay about the weather and the season in a place, referring to feelings

LANGUAGE		SKILLS	
GRAMMAR	**VOCABULARY**	**READING**	**WRITING**
massa/mässä, masta/mästä and **maan/mään** forms The verbal noun Some common word-building (derivative) suffixes	Hobbies; free time	Read detailed descriptions of hobbies	Write a detailed connected text about a favourite hobby
The genitive singular and plural Necessive clauses Temporal expressions Different forms of numbers	Body parts; health; well-being	Read a friend's email about her health and well-being	Give health and exercise advice to a friend
The endings -**lle** and -**lta/ltä** Personal, demonstrative and relative pronouns	Shopping; clothes; house appliances	Read detailed ads and reviews of house appliances	Write a review of a house appliance
The imperative and the passive in the sense let's Prepositions and postpositions of place Various indefinite pronouns	Verbs of movement; city centre; directions	Read detailed descriptions of town centres in a tourist-brochure style	Write detailed descriptions of town centres in a tourist-brochure style; ask for and give detailed instructions on how to get from one place to another
The present passive Ordinal numbers and read dates out loud	Celebrations; parties and events	Read detailed descriptions of events, holidays and parties; read invitations	Write detailed descriptions of events, holidays and parties; write and respond to invitations
The past, perfect and pluperfect passives The **masta/mästä** and **maan/mään** forms in an abstract context Various cohesive devices	Historical events	Read a detailed encyclopedia-style text about historical events	Write a detailed encyclopedia-style text about historical events

LANGUAGE		SKILLS	
GRAMMAR	**VOCABULARY**	**READING**	**WRITING**
The first conditional for polite requests and orders The first and second conditional to describe hypothetical situations The generic clause	Recycling; green living; sustainable lifestyle	Scan an informative text about recycling in order to locate desired information and understand relevant information	Give written advice and instructions on green living and a sustainable lifestyle
Plural forms of the local cases Local cases with certain verbs Less common conjunctions	Travel; tourism	Read travel blogs	Write a travel blog describing your experiences
The plural partitive The plural forms of the relative pronoun **joka**	Nature; environment; animals; plants; fish; birds; reptiles; insects; landscape	Scan a longer encyclopedia-style text about Finnish nature for specific pieces of information	Write an encyclopedia-style article about the flora, fauna and landscape in a certain place
The translative and the essive cases Result clauses The final construction	School; vocational training; university; courses	Read a detailed descriptive text about a Finn's education	Describe educational background in detail
The comparative and superlative of adjectives and adverbs Possessive suffixes Temporal constructions	Work; employment; job application; cover letter	Read a cover letter with high-frequency work-related vocabulary	Write a cover letter for a job application in a brief standardized format

LANGUAGE		SKILLS	
GRAMMAR	**VOCABULARY**	**READING**	**WRITING**
Intransitive and transitive verbs **malla/mällä** and **matta/mättä** forms Common enclitic particles Common indefinite pronouns	Tools; verbs used with tools; repairs; DIY	Scan emails about faults and DIY projects for specific pieces of information	Report a fault to a standard conventionalized format
Participles The passive conditional Verb type 6 verbs The potential mood	News; politics; economy	Read news articles concerned with contemporary problems in which the writers adopt particular attitudes or viewpoints	Write a text passing on information and giving reasons in support of or against a particular point of view
The referative construction The modal construction The instructive, abessive and comitative cases Participles in various constructions	Culture; literature; arts; music; cinema	Read a book review, a complex text where the author adopts a particular viewpoint	Write a review of a book or a film

I have taught Finnish both to degree students and in evening classes at University College London and online for Uppsala University in Sweden. I have also taught interpreters and translators for the European Union and diplomats at the Foreign and Commonwealth Office. I believe that repetition and humour are very important in language learning. Varying exercises keeps students motivated. One of the best ways to learn grammar and vocabulary is reading authentic texts and using what you have learnt yourself creatively.

Riitta-Liisa Valijärvi

HOW TO USE THIS BOOK

If you have studied Finnish before but would like to brush up on or improve your grammar, vocabulary, reading and writing skills, this is the book for you. The *Finnish Tutor* is a grammar workbook which contains a comprehensive grammar syllabus from high beginner to upper intermediate and combines grammar and vocabulary presentations with over 200 practice exercises.

The language you will learn is presented through concise explanations, engaging exercises, simple infographics, and personal tutor tips. The infographics present complex grammar points in an accessible format while the personal tutor tips offer advice on correct usage, colloquial alternatives, exceptions to rules, etc. Each unit contains reading comprehension activities incorporating the grammar and vocabulary taught, as well as freer writing and real-life tasks. The focus is on building up your skills while reinforcing the target language. The reading stimuli include emails, blogs, encyclopedia entries, adverts, reviews and social-media posts using real language so you can be sure you're learning vocabulary and grammar that will be useful for you.

You can work through the workbook by itself or you can use it alongside our *Complete Finnish* course, or any other language course. This workbook has been written to reflect and expand upon the content of *Complete Finnish* and is a good place to go if you would like to practise your reading and writing skills on the same topics.

Icons

 Discovery

 Vocabulary

 Writing

 Reading

 Personal Tutor

THE DISCOVERY METHOD

There are lots of philosophies and approaches to language learning, some practical, some quite unconventional, and far too many to list here. Perhaps you know of a few, or even have some techniques of your own. In this book we have incorporated the Discovery Method of learning, a sort of awareness-raising approach to language-learning. This means that you will be encouraged throughout to engage your mind and figure out the language for yourself, through identifying patterns, understanding grammar concepts, noticing words that are similar to English, and more. This method promotes language awareness, a critical skill in acquiring a new language. As a result of your own efforts, you will be able to better retain what you have learnt, use it with confidence, and, even better, apply those same skills to continuing to learn the language (or, indeed, another one) on your own after you've finished this book.

Everyone can succeed in learning a language – the key is to know how to learn it. Learning is more than just reading or memorising grammar and vocabulary. It's about being an active learner, learning in real contexts, and, most importantly, using what you've learnt in different situations. Simply put, if you figure something out for yourself, you're more likely to understand it. And when you use what you've learnt, you're more likely to remember it.

As many of the essential but (let's admit it!) challenging details, such as grammar rules, are introduced through the Discovery Method, you'll have more fun while learning. Soon, the language will start to make sense and you'll be relying on your own intuition to construct original sentences independently, not just reading and copying.

Enjoy yourself!

BECOME A SUCCESSFUL LANGUAGE LEARNER

1   **Make a habit out of learning**
    ▶ Study a little every day. Between 20 and 30 minutes is ideal.
    ▶ Give yourself **short-term goals**, e.g. work out how long you'll spend on a particular unit and work within this time limit, and **create a study habit**.
    ▶ Try to **create an environment conducive to learning** which is calm and quiet and free from distractions. As you study, do not worry about your mistakes or the things you can't remember or understand. Languages settle gradually in the brain. Just **give yourself enough time** and you will succeed.

2   **Maximize your exposure to the language**
    ▶ As well as using this book, you can listen to the radio, watch television or read online articles and blogs.
    ▶ Do you have a personal passion or hobby? Does a news story interest you? Try to access Finnish information about them. It's entertaining and you'll become used to a range of writing and speaking styles.

3   **Vocabulary**
    ▶ Group new words under **generic categories**, e.g. *food*, *furniture*, **situations** in which they occur, e.g. under *restaurant* you can write *waiter*, *table*, *menu*, *bill*, and **functions**, e.g. *greetings*, *parting*, *thanks*, *apologizing*.
    ▶ Write the words over and over again. Keep lists on your smartphone or tablet, but remember to switch the keyboard language so you can include all accents and special characters.
    ▶ Cover up the English side of the vocabulary list and see if you remember the meaning of the word. Do the same for the Finnish.
    ▶ Create flash cards, drawings and mind maps.
    ▶ Write Finnish words on sticky notes and attach them to objects around your house.
    ▶ **Experiment with words.** Look for patterns in words, e.g. make words in a different case by changing the ending, for example, make collective nouns by adding the ending -**sto**/-**stö**: **kirja** (*book*), **kirjasto** (*library*); **kartta** (*map*), **kartasto** (*atlas*).

4   **Grammar**
    ▶ **Experiment with grammar rules.** Sit back and reflect on how the rules of Finnish compare with your own language or other languages you may already speak.
    ▶ Use known vocabulary to practise new grammar structures.
    ▶ When you learn a new verb form, write the conjugation of several different verbs you know that follow the same form.

5 **Reading**

The passages in this book include questions to help guide you in your understanding. But you can do more:

▶ **Imagine the situation.** Think about what is happening in the extract/passage and make educated guesses, e.g. a postcard is likely to be about things someone has been doing on holiday.

▶ **Guess the meaning of key words before you look them up.** When there are key words you don't understand, try to guess what they mean from the context.

▶ If you're reading a Finnish text and cannot get the gist of a whole passage because of one word or phrase, try to look at the words around that word and see if you can work out the meaning from context.

6 **Writing**

▶ Practice makes perfect. The most successful language learners know how to overcome their inhibitions and keep going.

▶ When you write an email to a friend or colleague, or you post something on social media, pretend that you have to do it in Finnish.

▶ When completing writing exercises, see how many different ways you can write it, imagine yourself in different situations and try answering as if you were someone else.

▶ Try writing longer passages such as articles, reviews or essays in Finnish, it will help you to formulate arguments and convey your opinion as well as helping you to think about how the language works.

▶ Try writing a diary in Finnish every day, this will give context to your learning and help you progress in areas which are relevant to you.

7 **Visual learning**

▶ Have a look at the infographics in this book, do they help you to visualize a useful grammar point? You can keep a copy of those you find particularly useful to hand to help you in your studies, or put it on your wall until you remember it. You can also look up infographics on the Internet for topics you are finding particularly tricky to grasp, or even create your own.

8 **Learn from your errors**

▶ Making errors is part of any learning process, so don't be so worried about making mistakes that you won't write anything unless you are sure it is correct. This leads to a vicious circle: the less you write, the less practice you get and the more mistakes you make.

▶ Note the seriousness of errors. Many errors are not serious as they do not affect the meaning.

9 **Learn to cope with uncertainty**

▶ Don't over-use your dictionary.
Resist the temptation to look up every word you don't know. Read the same passage several times, concentrating on trying to get the gist of it. If after the third time some words still prevent you from making sense of the passage, look them up in the dictionary.

1 Hei! Kerron sinulle vähän itsestäni

Hello! Let me tell you a little bit about myself

In this unit, you will learn how to:

✓ Use different noun types in singular and plural.

✓ Understand the principle of adding case endings and inflectional stems.

✓ Understand and apply consonant gradation (e.g. kk:k, Amerikka → Amerikassa).

CEFR: Can describe a person's appearance and personality (CEFR A2); Can read and write a simple personal email (CEFR A2).

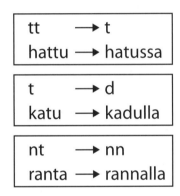

tt	→ t
hattu	→ hatussa

t	→ d
katu	→ kadulla

nt	→ nn
ranta	→ rannalla

Meaning and usage

Noun types

1   Nouns in Finnish, like in English, are used for animate, inanimate and abstract things, for example, **mies** (*man*), **kirja** (*book*) and **rakkaus** (*love*). They take case endings that carry meaning, e.g. **kirjassa** (*in the book*). Nouns have no gender in Finnish. They have plural and singular forms, and they take various grammatical case endings. Adjectives, numerals and pronouns take the same endings as nouns in Finnish. Look at the forms of the words in bold in the following example sentences. The basic form in the beginning changes to the inflectional stem with the case ending. The inflectional stem is the form of the word where you attach an ending; it doesn't appear on its own.

Matti on **suomalainen**. **Suomalaisi**lla on usein sauna.

(Matti is Finnish. Finns often have a sauna.)

Oletko **väsynyt**? **Väsyneet** opiskelijat tekevät virheitä.

(Are you tired? Tired students make mistakes.)

Talo on **kaunis**. **Kaunii**ssa talossa on neljä huonetta.

(The house is beautiful. There are four rooms in the beautiful house.)

Tämä on Leenan **uusi mies**. Leenan **uude**lla **miehe**llä on kaksi lasta.

(This is Leena's new husband. Leena's new husband has two children.)

Minulla on tänään **kokous**. En pidä **kokouksi**sta.

(I have a meeting today. I don't like meetings.)

Kuvassa on siskoni perhe. Perheessä on viisi lasta.

(In the picture is my sister's family. There are five children in the family.)

Anna minulle **omena**! Pidän **omenoi**sta niin paljon.

(Give me an apple! I like apples so much.)

 A Look at the example sentences and list how the main <u>noun</u> word changes.

Example: Kaunis → Kauniissa

How to write nouns with consonant gradation

2 Now look at the following examples focusing on the forms of the <u>nouns</u> and see if you can spot a pattern.

Minun miehellä on **par**ta. **Parr**assa on jo vähän harmaata.

(My husband has a beard. There's already some grey in the beard.)

Kotikaupunkini on nyt **Helsinki**, mutta en ole kotoisin **Helsing**istä.

(My hometown is Helsinki but I'm not originally from Helsinki.)

Missä tämän päivän <u>le**ht**i</u> on? Haluan lukea <u>le**hd**en</u>.

(Where's today's paper? I want to read the paper.)

Tämä on huonekaluliike. En halua töihin huonekaluliikkeeseen.

(This is a furniture store. I don't want to work in a furniture store.)

Maija on <u>työtön</u> tällä hetkellä. **Työttö**millä ei ole paljon rahaa.

(Maija is unemployed at the moment. The unemployed don't have much money.)

3 Nouns change their *grade* when endings consisting of a consonant (such as the genitive **-n**) or endings beginning with two consonants (such as **-ssa/-ssä** in) are added. The pattern of **e**-stems, **as**-stems and **in**-stems is different: their nominative and partitive are in the weak grade and the rest of the forms are in the strong grade. For example, see the table below.

Strong grade	Weak grade	Example, strong grade	Example, weak grade
kk	k	Amerikka (*America*)	Amerikassa (*in America*)
pp	p	kauppa (*shop*)	kaupassa (*in a shop*)
tt	t	hattu (*hat*)	hatussa (*in the hat*)
k	-	mäki (*hill*)	mäellä (*on the hill*)
p	v	leipä (*bread*)	leivät (*bread loaves*)
t	d	katu (*street*)	kadulla (*in the street*)
nk	ng	kenkä (*shoe*)	kengät (*shoes*)
mp	mm	kampa (*comb*)	kammat (*combs*)
lt	ll	kulta (*gold*)	kullasta (*from gold*)
nt	nn	ranta (*shore, beach*)	rannalla (*on the shore, at the beach*)
rt	rr	parta (*beard*)	parrat (*beards*)

 B Complete the table by filling in the singular and plural stems of the nominals given.

Noun type	Singular stem	Plural stem
eteinen (*hallway*)	eteise-	eteisi-
kaunis (*beautiful*)		
rakas (*beloved, dear*)		
joki (*river*)		
tulevaisuus (*future*)		
lusikka (*spoon*)		
avain (*key*)		
lyhyt (*short*)		
käsi (*hand*)		
potilas (*patient (in hospital)*)		
kaupunki (*town*)		
ruskea (*brown*)		
kirja (*book*)		
kuningatar (*queen*)		
kone (*machine*)		
juures (*root vegetable*)		
tennis (*tennis*)		
sopimus (*agreement*)		

Noun type	Singular stem	Plural stem
soitin (*player*)		
päärynä (*pear*)		
sauna (*sauna*)		
alkoholiton (*alcohol-free*)		
kuollut (*dead*)		
teos (*work (of art)*)		
koe (*test*)		

C Complete with the correct singular form of the nominals provided. The required ending has already been given.

1 Pidätkö <u>oluesta</u> (olut + -sta)?
2 _____ (tulevaisuus + -ssa) haluan matkustaa _____ (Amerikka + -Vn).
3 Kissa istuu _____ (kulunut + -lla) sohvalla.
4 Hänellä on _____ (käsi + -ssa) kamera.
5 Söitkö eilen _____ (kiinalainen + -ssa) ravintolassa?
6 Minun _____ (pieni perhe + -ssä) on vain kolme ihmistä.
7 Asumme _____ (ensimmäinen kerros + -ssa).
8 _____ (rakas lapsi + -lla) on monta nimeä.

D Complete with the correct plural form of the nominals provided. The required ending has already been given.

1 En pidä <u>perunoista</u> (peruna + -sta).
2 _____ (rikas opiskelija + -lle) ei anneta tukea.
3 Isä kysyi _____ (tytär + -ltä) neuvoa.
4 Uimme vain _____ (lämmin järvi + -ssä).
5 Kesällä kävimme _____ (suuri kaupunki + -ssa).
6 _____ (kaunis kahvila + -ssa) oli paljon asiakkaita.
7 He istuivat _____ (iso tuoli + -lla).
8 Hänen _____ (sininen silmä + -ssä) oli paljon harmaata.

E Complete with different forms of the underlined word, focusing on consonant gradation.

1 Tämä on <u>kauppa</u>. <u>Kaupan</u> nimi on Rabatti. _____ voi ostaa tuoretta kalaa. Menen _____ kerran viikossa. Pidän pienistä _____.
2 Mikä tämän tuotteen <u>hinta</u> on? Hyllyssä lukee kaksi _____. Kauppias antoi minulle oikean _____. Sain tuotteen puoleen _____. Pidän tietysti halvoista _____.
3 Tämä on minun <u>kotikatu</u>. _____ ei ole paljon liikennettä. Ihastuin _____, kun etsin asuntoa. Muilla _____ ei ollut yhtä vihreää. Helsingin _____ ovat yleensä harmaita.

4 Englanti on maa Pohjois-Euroopassa. _____ pääkaupunki on Lontoo. _____ on myös muita suuria kaupunkeja, kuten Birmingham ja Liverpool. Ihmiset puhuvat _____. Haluatko sinä matkustaa _____?

5 Minulla on huomenna suomen <u>koe</u>. Pelkään tätä _____ vähän. _____ on usein vaikeita kysymyksiä. Tähän _____ tulee kysymyksiä partitiivista. _____ jälkeen menen varmasti ulos.

Meaning and usage

The verb **olla** (*to be*)

1 In Finnish, the verb **olla** (*to be*) is used in the same way as in English. It expresses states, identities or qualities of animate and inanimate subjects. It is also the auxiliary verb in combined tenses, e.g. the perfect tense **olen syönyt** (*I have eaten*). Here is a reminder of the forms of the verb **olla** (*to be*).

Affirmative		Negative	
minä olen	(*I am*)	minä en ole	*I am not*
sinä olet	(*you are*)	sinä et ole	(*you (sing.) are not*)
hän on	(*s/he*)	hän ei ole	(*s/he is not*)
se on	(*it is*)	se ei ole	(*it is not*)
me olemme	(*we are*)	me emme ole	(*we are not*)
te olette	(*you (pl.) are*)	te ette ole	(*you (pl.) are not*)
he ovat	(*they (people) are*)	he eivät ole	(*they (people) are not*)
ne ovat	(*they (things) are*)	ne eivät ole	(*they (things) are not*)

F Complete the sentences with the correct affirmative and negative forms of the verb olla.

    1 Minä <u>olen/en ole</u> iloinen.

    2 Hän _____ kotoisin Suomesta.

    3 Me _____ täällä jo.

    4 Ne _____ kotona.

    5 Se _____ uusi.

    6 Sinä _____ vanha.

    7 Te _____ Englannista.

    8 He _____ koulussa.

Remember that in written standard Finnish third-person singular and plural pronouns in Finnish are different for people and things: **hän** *(s/he),* **se** *(it);* **he** *(they (for people)),* **ne** *(they (for things)).*

Vocabulary

G Complete the table with names of family members and other family-related vocabulary from the box. Look up any words you don't know in a dictionary.

anoppi	appi	eno	isoisä	isoäiti	~~isä~~	lapsi	perhe	poika
serkku	~~setä~~	sisko	~~suku~~	~~tyttö/tytär~~	täti	veli	äiti	

	family	tyttö/tytär	daughter
suku	extended family		aunt
	mother		maternal uncle
isä	father	setä	paternal uncle
	sister		grandmother
	brother		grandfather
	child		mother-in-law
	son		father-in-law
lapsenlapsi	grandchild		cousin

 Isoisä *(grandfather)* and **isoäiti** *(grandmother) are rather formal terms. Grandfather is often called* **pappa**, **ukki** *or* **vaari**. *Grandmother is often called* **mummi**, **mummu** *or* **mummo**.

H Complete the text with suitable words from the box. Use each word only once. The words are already in the correct form.

~~hiukset~~	hoikka	kihara	komea	lihava
lyhyt	piilolinssi	siniset	veljet	

Tässä on kuva perheestäni. Me juhlimme kuvassa äidin syntymäpäivää. Äidilläni on vaaleat <u>hiukset</u> ja _____ silmät. Hän on _____, vain 155 cm. Isäni on tumma, pitkä ja _____. Minun _____ ovat myös tummia ja pitkiä. Heillä on kaikilla ruskea _____ tukka. Yksi veljistäni syö paljon ja ei liiku, ja on siksi aika _____. Kuvassa minulla on silmälasit. Normaalisti minulla on _____. Minä urheilen paljon ja olen _____.

I Write the opposites of the adjectives in the table, using words from the box.

epäystävällinen	huolimaton	ilkeä	laiska	pihi
rauhallinen	sosiaalinen	sulkeutunut	~~surullinen~~	tylsä

iloinen	surullinen
ystävällinen	
aktiivinen	
ujo	
antelias	
levoton	
mielenkiintoinen	
avoin	
tarkka	
kiltti	

📖 Reading

J Read the following text about Iida's family and answer the question.

Kuinka monta siskoa Iidalla on?

___

Lähettäjä:	Iida Mäkinen
Vastaanottaja:	Kiva Opiskelija
Aihe:	Mitä kuuluu?

Hei!

Kiitos sähköpostistasi. Halusit tietää perheestäni. Minun perheeseeni kuuluu kuusi henkeä: isä, äiti, minä ja kolme siskoa. Isäni on pitkä ja kalju. Kun hän oli nuori, hänellä oli punainen parta. Äitini on myös pitkä ja vaalea, ja hänellä on silmälasit. Isäni on koulutukseltaan mekaanikko, mutta hän ajaa rekka-autoa. Äidillä on oma firma, yksityinen vanhainkoti. Hän tekee todella paljon töitä.

Nuorin siskoni Veera on 17-vuotias ja lyhyt. Hänellä on vaaleat pitkät hiukset. Siskoni Jenni on minua kaksi vuotta nuorempi, hän on pitkä ja erittäin hoikka. Hän voisi olla malli! Isosiskollani Kaisalla on tummat kiharat hiukset ja hauska iso nenä. Kaikki perheessäni ovat kovaäänisiä, aktiivisia ja iloisia.

Mitä sitten voisin sanoa itsestäni? Olen vaalea, vähän tukeva ja aika pitkä. Minä olen luonteeltani rauhallinen ja luova. Minulla on mies ja koira. Minun miehen nimi on Joona. Hän käy kuntosalilla ja tekee paljon töitä. Hän muistuttaa minun isääni. Haluaisin oman talon maalta. Pyöritän kahvilaa ja asun Tampereella.

Millainen sinä olet luonteeltasi? Minkä näköinen sinä olet? Millainen perhe sinulla on?

Terveisin,

Iida

K Now answer the comprehension questions about the text.

1 Minkä näköinen Iidan isä on?

_____

2 Minkä näköinen Iidan äiti on?

_____

3 Millaiset hiukset Kaisalla on?

_____

4 Mitä yhteistä kaikilla Iidan perheessä on?

_____

5 Minkä näköinen Iida on?

_____

6 Millainen Iida on luonteeltaan?

_____

Writing

L You have met Iida online. She wants to know about you and your family. Write an email to Iida telling her similar facts about yourself, your appearance and your family. Greet Iida and comment on one detail in her email. Write about 80–100 words.

_____

_____

_____

_____

_____

_____

_____

_____

_____

_____

Self-check

Tick the box which matches your level of confidence.

1 = very confident   2 = need more practice   3 = not confident

Valitse taulukosta ruutu, joka vastaa taitojasi.

1 = osaan hyvin   2 = tarvitsen lisää harjoitusta   3 = en osaa vielä

	1	2	3
Use different noun types in singular and plural.			
Understand the principle of adding case endings and inflectional stems.			
Understand and apply consonant gradation.			
Use vocabulary to describe family members.			
Can describe a person's appearance and personality. (CEFR A2)			
Can write a simple personal email. (CEFR A2)			

2 Mitä teen joka viikko

What I do every week

In this unit, you will learn how to:

- ✅ Use different types of verbs in the present tense, both negative and affirmative.
- ✅ Use time expressions and give the time.
- ✅ Use vocabulary for daily routines.

CEFR: Can read a short magazine article (CEFR A2); Can write about the everyday aspects of your environment (CEFR A2).

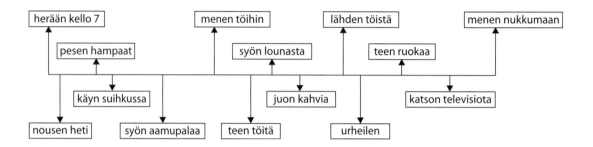

Meaning and usage

Present-tense verbs

1   Verbs in Finnish have four tenses (present, simple past, perfect, pluperfect) like in English. There is no continuous tense, e.g. (*I am reading*). The present tense is used instead. All the uses of the present tense are illustrated below.

To express habitual actions:

Leena *nousee* yleensä ylös aikaisin.   (*Leena usually gets up early.*)

To express ongoing action:

Lapset *lukevat* juuri nyt kirjaa luokkahuoneessa.   (*The children are reading a book right now in the classroom.*)

To express future actions:

He *lähtevät* **lomalle huomenna.**   (*They are going on holiday tomorrow.*)

To express universal truths:

Karhut *syövät* **marjoja.**   (*Bears eat berries.*)

Verb types, affirmative and negative

1   The forms of the underlined words in the following example sentences show the affirmative and negative present-tense forms of the verbs provided. The dictionary forms of the verb and the corresponding verb types have been numbered in the left-hand column.

asua (1)	<u>Asun</u> Suomessa, mutta <u>en asu</u> Helsingissä.	(*I live in Finland but I don't live in Helsinki.*)
syödä (2)	<u>Syön</u> paljon vihanneksia, mutta <u>en syö</u> hedelmiä.	(*I eat a lot of vegetables but I don't eat fruit.*)
opiskella (3)	<u>Opiskelen</u> suomea. <u>En opiskele</u> ruotsia.	(*I study Finnish. I don't study Swedish.*)
mennä (3)	<u>Menen</u> kuntosalille talvella. <u>En mene</u> sinne kesällä.	(*I go to the gym in the winter. I don't go there in the summer.*)
nousta (3)	<u>Nousen</u> aikaisin viikolla. <u>En nouse</u> aikaisin viikonloppuna.	(*I get up early during the week. I don't get up early at the weekend.*)
siivota (4)	<u>Siivoan</u> keittiön usein. <u>En siivoa</u> parveketta.	(*I clean the kitchen often. I don't clean the balcony.*)
tarvita (5)	<u>Tarvitsen</u> enemmän aikaa. <u>En tarvitse</u> rahaa.	(*I need more time. I don't need money.*)
vanheta (6)	Minä <u>vanhenen</u> fyysisesti. <u>En vanhene</u> henkisesti.	(*I age physically. I don't age mentally.*)

 A good way to learn new verbs is to write sentences using the verbs. This way you will also learn and remember what form the nouns should be in with a particular verb. e.g. pidän Suomesta (I like Finland).

How to form different verb types

1   The personal pronouns and matching verb endings are illustrated below with the verb **asua** (*to live*). Verb type 1: the infinite marker -**a**/-**ä** is removed and the person suffixes are added to that. In the third person, the stem vowel is doubled (**asuu** (*lives*)).

minä asu<u>n</u>	(*I live*)	minä <u>en</u> asu	(*I don't live*)
sinä asu<u>t</u>	(*you live (sing.)*)	sinä <u>et</u> asu	(*you don't live (sing.)*)
hän asu<u>u</u>	(*he/she lives*)	hän <u>ei</u> asu	(*he/she doesn't live*)
me asu<u>mme</u>	(*we live*)	me <u>emme</u> asu	(*we don't live*)
te asu<u>tte</u>	(*you live (pl.)*)	te <u>ette</u> asu	(*you don't live (pl.)*)
he asu<u>vat</u>	(*they live*)	he <u>eivät</u> asu	(*they don't live*)

2   Verb type 2: the infinitive marker is -**da**/-**dä**, e.g. **syödä** (*to eat*). The stem is **syö**-. No vowels are added or doubled, only the verb endings.

3   Verb type 3: the infinitive marker is -**la**/-**lä**, -**na**/-**nä**, -**ta**/-**tä** or -**ra**/**rä**, e.g. **tulla** (*to come*), **mennä** (*to go*), **nousta** (*to get up*), **purra** (*to bite*). The vowel-**e** is added after the stem, which gives **tule**-, **mene**-, **nouse**-, **pure**-. This help vowel is doubled in the third person, e.g. **tulee** (*comes*).

4   Verb type 4: the infinitive marker is -**ta**/-**tä**, which is preceded by a vowel, e.g. **siivota** (*to clean*). The infinitive marker is removed and a vowel **a**/**ä** is added, e.g. **siivoa**-. The added vowel is doubled in the third person, e.g. **siivoaa** (*cleans*).

5   Verb type 5: the infinitive marker is -**ta**/-**tä** preceded by the vowel **i**, e.g. **tarvita** (*to need*). To the stem is added -**tse**- before the verb endings: **tarvitse**-. The vowel is doubled in the third person, e.g. **tarvitsee** (*needs*).

6   Verb type 6: the infinitive marker is -**ta**/-**tä** preceded by the vowel **e**, e.g. **kylmetä** (*to get cold*). To the stem is added -**ne**-, e.g. **kylmene**-. The vowel is doubled in the third person, e.g. **kylmenee** (*gets cold*).

7   The negative word is followed by a form which is the **minä** form without the final -**n**, e.g. **asun** (*I live*) > **en asu** (*I don't live*), **nousen** (*I get up*) > **en nouse** (*I don't get up*).

*This is how you recognize different verb types: verb type 1 has one short vowel before the person suffix; verb type 2 is very short and ends in two vowels; verb type 3 has -**e**- preceded by **n**, **l**, **s** or **r**; verb type 4 always has an extra -**a**- or -**ä**-; verb type 5 always has -**tse**-; verb type 6 has -**ne**-.*

A Complete the table with the infinitive forms of the following verbs in the second column and the verb type number in the last column.

	Infinitive form	Verb type number
tanssimme (*we dance*)	tanssia	1
avaat (*you open*)		
saavat (*they get*)		
tulee (*it comes*)		
häiritsen (*I disturb*)		
ostatte (*you (pl.) buy*)		
pyöräilet (*you (sing.) cycle*)		
pesemme (*we wash*)		
myyn (*I sell*)		
istut (*you (sing.) sell*)		
voi (*s/he can*)		

B Complete with the correct forms of the verbs in brackets.

1 Sää kylmenee (kylmetä).
2 Kuka _____ (haluta) tulla ulos?
3 Minä _____ (panna) kirjat laukkuun.
4 Suomalaiset _____ (juoda) paljon kahvia.
5 Pojat _____ (pelata) jalkapalloa.
6 Minä _____ (voida) auttaa sinua.
7 Sinä _____ (maksaa) tänään, eikö niin?
8 Te _____ (korjata) auton.
9 Puhelin _____ (soida).
10 Minä _____ (vastata).

C Write the negative forms of the verbs in exercise A on the lines below.

1 ei kylmene
2 _____
3 _____
4 _____
5 _____
6 _____
7 _____
8 _____
9 _____
10 _____

D Complete the table with the missing forms of *tehdä* (*to do, to make*) Remember that *nähdä* (*to see*) behaves in the same way.

teen (*I do/make*)	_____ (*I don't do/make*)
_____ (*you do/make (sing.)*)	**et tee** (*you don't do/make (sing.)*)
tekee (*s/he does/makes*)	**ei tee** (*s/he doesn't do/make*)
teemme (*we do/make*)	_____ (*we don't do/make*)
teette (*you do/make (pl.)*)	**ette tee** (*you don't do/make (pl.)*)
_____ (*they do/make*)	**eivät tee** (*they don't do/make*)

How to form verbs and consonant gradation

1   Verbs, like nouns, also display consonant gradation. The grades vary across the list of forms according to clear patterns.

Strong grade	Weak grade		
kk	k	**nukkua** (*to sleep*)	**nukun** (*I sleep*)
pp	p	**oppia** (*to learn*)	**opin** (*I learn*)
tt	t	**kirjoittaa** (*to write*)	**kirjoitan** (*I write*)
k	-	**lukea** (*to read*)	**luen** (*I read*)
p	v	**saapua** (*to arrive*)	**saavun** (*I arrive*)
t	d	**tietää** (*to know*)	**tiedän** (*I know*)
nk	ng	**tinkiä** (*to haggle*)	**tingin** (*I haggle*)
mp	mm	**ampua** (*to shoot*)	**ammun** (*I shoot*)
lt	ll	**sukeltaa** (*to dive*)	**sukellan** (*I dive*)
nt	nn	**antaa** (*to give*)	**annan** (*I give*)
rt	rr	**ymmärtää** (*to understand*)	**ymmärrän** (*I understand*)

2   Verb type 1 verbs can have consonant gradation. The pattern is as follows: the infinitive, *s/he* and *they* are in the strong grade, whereas *I, you (sing.), we* and *you (pl.)* are in the weak grade.

lukea (*to read*), **lue-/luke-**

luen (*I read*)	**en lue** (*I don't read*)
luet (*you read (sing.)*)	**et lue** (*you don't read (sing.)*)
lukee (*s/he reads*)	**ei lue** (*s/he doesn't read*)
luemme (*we read*)	**emme lue** (*we don't read*)
luette (*you read (pl.)*)	**ette lue** (*you don't read (pl.)*)
lukevat (*they read*)	**eivät lue** (*they don't read*)

3   Verb type 3, 4 and 6 verbs can also have consonant gradation. The infinitive is then weak and the other forms are strong, as illustrated by the verb **tavata** (to meet).

tavata (to meet), **tapaa-**

tapaan (I meet)	**en tapaa** (I don't meet)
tapaat (you meet (sing.))	**et tapaa** (you don't meet (sing.))
tapaa (s/he meets)	**ei tapaa** (s/he doesn't meet)
tapaamme (we meet)	**emme tapaa** (we don't meet)
tapaatte (you meet (pl.))	**ette tapaa** (you don't meet (pl.))
tapaavat (they meet)	**eivät tapaa** (they don't meet)

E   Write the verbs within brackets in the correct form.

1   Minä _ymmärrän_ (ymmärtää) asian hyvin.
2   Hän _____ (tietää) kaiken.
3   Me _____ (kääntää) tekstin torstaiksi.
4   Te _____ (tuntea) hänet.
5   He _____ (odottaa) ulkona.
6   Lapset _____ (leikkivät) olohuoneessa.
7   Sinä _____ (kylpeä) illalla.
8   Minä _____ (kuunnella) musiikkia.
9   Naapurit _____ (suunnitella) matkaa Kreikkaan.
10 Pirjo _____ (kammata) tukkaa peilin edessä.

F   Write the negative forms of the verbs in exercise E on the lines below.

1   en ymmärrä   6   _____
2   _____   7   _____
3   _____   8   _____
4   _____   9   _____
5   _____   10 _____

Vocabulary

G   Translate the expressions below, using the models from the box as a guide.

> **viisi yli kaksi** (five past two)   **viisi vaille kaksi** (five to two)
> **varttia vaille kaksi** (quarter to two)   **puoli kaksi** (half past one)
> **kahden aikaan** (around two o'clock)   **ennen kahta** (before two o'clock)
> **kahden jälkeen** (after two o'clock)

1   ten past eight kymmenen yli kahdeksan
2   half past seven _____

3 ten past two _____

4 six o'clock _____

5 quarter to four _____

6 around four o'clock _____

7 after twelve o'clock _____

8 before seven o'clock _____

9 ten to eleven _____

 The midnight sun is called **keskiyön aurinko** *(midnight's sun) or* **yötön yö** *(nightless night). The time when the sun doesn't rise, i.e. polar night, is called* **kaamos**. *Northern lights, aurora borealis, is called* **revontulet** *(fox's fires). Ancient Finns believed that mythical fire foxes caused the light phenomenon by touching snow with their tails.*

H Match the expressions of time typically used with the present-tense forms with their English equivalents.

1 aina	**a** *never, not ever*
2 joskus	**b** *usually*
3 ei koskaan	**c** *rarely*
4 usein	**d** *regularly*
5 yleensä	**e** *always*
6 joka päivä	**f** *sometimes*
7 silloin tällöin	**g** *often*
8 säännöllisesti	**h** *every day*
9 harvoin	**i** *every now and then, occasionally*

I Complete the text with suitable verbs in the correct present-tense form. You can only use each verb once.

alkaa	harjata	joutua	jutella	keittää	kuunnella
kävellä	käydä	lähteä	matkustaa	maata	~~nousta~~
paistaa	pitää	päättyä	tehdä	urheilla	

Herään aikaisin aamulla, mutta _en nouse_ (neg) heti. _____ sängyssä ja annan herätyskellon soida. _____ vessassa, _____ hampaat ja _____ kahvia. _____ radiota samalla kun syön aamiaista. Usein _____ kananmunia tai _____ mikrossa puuroa. Sen jälkeen _____ töihin. _____ yleensä bussilla keskustaan ja _____ lopun matkaa. Toimistossa _____ työkavereiden kanssa vähän. Sitten _____ tehdä töitä. _____ lounastauon yhden aikaan. Lounaan jälkeen _____ menemään kokouksiin. Työpäivä _____ viideltä. Menen yleensä suoraan kuntosalille tai uimahalliin. _____ joka päivä. Illalla olen väsynyt.

 Reading

J Sirpa has written a short description of her typical day for a magazine feature about different professions. Read the text and answer the question.

Mitä Sirpa tekee työkseen?

_____

TYYPILLINEN PÄIVÄNI

Herään noin kello puoli seitsemän. Juon aamukahvin, luen aamulehden, syön aamiaisen, pesen hampaat ja sitten lähden siitä hetken päästä töihin autolla. Olen vanhainkodin johtaja.

Kun tulen töihin, tarkistan ensimmäiseksi mitä sille päivälle on ohjelmassa. Hoidan erilaisia asioita: käyn apteekissa hakemassa lääkkeet ja pankissa maksamassa laskut. Katson sähköpostit. Täytän asiakkaiden ja omaisten tarpeita sekä ratkaisen ongelmatilanteita henkilökunnan kanssa.

Syön yhdentoista aikaan. Muu henkilökunta syö kahvihuoneessa, mutta itse yritän syödä vanhusten kanssa, jotta he voivat kertoa minulle ongelmistaan. Jatkan postien katsomista ja juon kahvit kahden aikaan.

Työpäivän loppu vaihtelee. Omaiset soittavat illalla ja olen saatavilla 24 tuntia vuorokaudessa. Vapaa-aikanani tavoitteeni on, että pääsen mökille. Mökillä sienestän, siivoan ja puuhastelen. En kaipaa ihmisiä ympärilleni, koska silloin lataan omaa päätäni.

Kotona teen kotitöitä, katson televisiota ja tarvittaessa katson vielä sähköpostit. Viikonloppuna yritän ottaa vapaata enemmän ja en lue sähköposteja. Jos lastenlapset tulevat käymään, vietän paljon aikaa heidän kanssaan. Leikimme ja käymme retkillä ja mökillä. Elämäni on hyvin intensiivistä.

K Now decide whether the following statements are true (*oikein*) or false (*väärin*), based on the text.

	oikein	väärin
1 Sirpa lukee aamulehden vasta illalla.		
2 Sirpa käy apteekissa hakemassa lääkkeet.		
3 Asiakkaat syövät kahvihuoneessa.		

4 Vanhukset kertovat Sirpalle asioitaan lounaalla.		
5 Sirpa marjastaa mökillä.		
6 Sirpa kutsuu mökille paljon ystäviä.		
7 Lastenlasten kanssa Sirpa käy retkillä.		

Writing

L   Write a short article about your own day in the same way as Sirpa does in the text. Write about your morning, daytime and evening routines and how you relax. Give reasons for why you do certain things in a certain way. Write about 80–100 words.

_____

_____

_____

_____

_____

_____

_____

_____

_____

_____

Self-check

Tick the box which matches your level of confidence.

1 = very confident   2 = need more practice   3 = not confident

Valitse taulukosta ruutu, joka vastaa taitojasi.

1 = osaan hyvin   2 = tarvitsen lisää harjoitusta   3 = en osaa vielä

	1	2	3
Use different types of verbs in the present tense, both negative and affirmative.			
Use time expressions and give the time.			
Use vocabulary for daily routines.			
Can read a short magazine feature. (CEFR A2)			
Can write about the everyday aspects of your environment. (CEFR A2)			

3 Vuokralle tarjotaan

Property to rent

In this unit you will learn how to:

✓ Use the local case endings in the singular and the plural.

✓ Form different types of existential clauses.

✓ Use vocabulary for housing, rooms and furniture.

CEFR: Can scan and look for information in accommodation advertisements (CEFR B1); Can describe accommodation to a potential tenant (CEFR B1).

Meaning and usage

Internal and external cases

1 Internal and external cases are endings that have to do with place, for example, **talo** (*house*), **talossa** (*in the house*). They have other functions too, including time expressions such as **viikko** (*a week*), **viikossa** (*within a week*).

A Look at the sentences and analyse the meaning of the underlined Finnish endings. Which words take which type of ending? Are they surfaces or types of boxes? Does the verb in the sentence involve movement or not?

Matti on sauna<u>ssa</u>.	(*Matti is in the sauna.*)
Bussi<u>ssa</u> on paljon ihmisiä.	(*There are a lot of people on the bus.*)
Minulla on jo kengät jala<u>ssa</u>.	(*I already have shoes on* (literally '*in the foot*').)
Maa<u>ssa</u> on lunta.	(*There's snow on the ground.*)
Hain kirjan olohuonee<u>sta</u>.	(*I went to get the book from the living room.*)
Muutamme uuteen asunto<u>on</u>.	(*We are moving to a new flat.*)
Perhe matkusti Kuopio<u>on</u> Suomee<u>n</u>.	(*The family travelled to Kuopio in Finland.*)
Pöydä<u>llä</u> on kirja.	(*There is a book on the table.*)
Kadu<u>lla</u> on autoja.	(*There are cars in the street.*)

Matti odottaa saunalla.	(Matti is waiting at/by the sauna.)
Laitan taulun seinälle.	(I'm putting the picture up on the wall.)
Lähetätkö meiliä Leenalle?	(Are you sending an email to Leena?)
Olisi ihana lähteä lomalle!	(It would be wonderful to go on holiday.)
Kaisa palaa torilta.	(Kaisa is coming back from the market.)
Saimme viinipullon naapurilta.	(We got a bottle of wine from the neighbour.)

2   Finnish has six endings that match the English prepositions *in, on, at* etc. The endings can be grouped into two groups, <u>internal</u> and <u>external</u> local cases, and roughly translated as follows.

Internal cases	Preposition	External cases	Preposition
-ssa, -ssä	(in)	-lla, -llä	(on, at, by)
-sta, -stä	(from (the inside))	-lta, -ltä	(from (nearby/abstract/surface/people))
-Vn, -hVn, -seen (V = last vowel of the word)	(to, into)	-lle	(to, onto)

3   Note that the internal local cases are used with rooms, towns (**Kuopioon** (*to Kuopio*)), countries (**Suomeen** (*to Finland*)), vehicles (**bussissa** (*on the bus*)), buildings (**asuntoon** (*to the flat*), **saunassa** (*in the sauna*)) and rooms (**olohuoneesta** (*from the living room*)).

The internal local cases are also used when things are in close contact or attached, e.g. **jalassa** (*on the foot*), **maassa** (*on the ground*).

4   The so-called external local cases are used with surfaces, such as streets, market squares and tables: (**kadulla** (*in the street*), **pöydällä** (*on the table*), **seinälle** (*onto the wall*), **torilta** (*from the market*)), being nearby (*especially buildings*, **saunalla** (*at the sauna*)), abstract things (**lomalle** (*on holiday*)) and people (**Leenalle** (*to/for Leena*), **naapurilta** (*from the neighbour*)).

5   In addition to this, you have to think about whether there is no movement, or movement away, from or towards.

6   Note that sometimes the ending makes a change in meaning, e.g. **katossa** (*in the ceiling*), **katolla** (*on the roof*); **maassa** (*in a country*), **maalla** (*in the countryside*); **kaupungissa** (*in a city/town*), **kaupungilla** ((*out*) *in town*).

7   Most of the time it's easy to tell which verb involves movement and which doesn't. There are some exceptions to this. For example, staying, leaving and forgetting are movements in Finnish, e.g.

Jään kotiin.	(I'll stay at home.)
Kaisa jätti laukun eteiseen.	(Kaisa left the bag on the floor.)
Unohdimme astiat pöydälle.	(We forgot the dishes on the table.)

Putting or placing something somewhere is also a movement, e.g.

| Panen laukun lattialle. | (I'm putting the bag on the floor.) |

In Finnish, you also *build to*, e.g.

Perhe rakentaa taloa Helsinkiin.   (*The family is building a house in Helsinki.*)

Finally, buying and finding always take the endings that mean *from*, e.g.

Ostitko kaupasta maitoa?   (*Did you buy milk in the shop?*)

Otto löysi avaimet autosta.   (*Otto found the keys in the car.*)

How to form local cases

1   The local case suffixes are attached to the inflectional stems of nouns. For example, **huone** (*room*), **huonee-ssa** (*in a room*); **kokous** (*meeting*), **kokoukse-ssa** (*in a meeting*). So choose the inflectional stem form of a noun either in the singular or in the plural and attach the case ending there.

2   Adjectives and pronouns in front of nouns take the same endings at nouns, e.g. **tämä iso talo** (*this big house*), **tässä isossa talossa** (*in this big house*).

> *The local case endings are used also in various fixed, fossilized expressions, such as* **ulkomailla** *(abroad),* **tavallaan** *(sort of),* **tavattavissa** *(available),* **vieressä** *(next to). It's worth learning these expressions by heart.*

B   **Add the appropriate singular local case ending to the words in brackets.**

1   Lapset pyöräilivät <u>uuteen kouluun</u> (uusi koulu).
2   Vie kukka _____ (ruokapöytä)!
3   Kissa nukkuu _____ (punainen sohva).
4   He tulivat juuri kotiin _____ (kallis ravintola).
5   Siirsimme maton _____ (eteinen).
6   Laitoimme lampun _____ (katto).
7   Virtasen perhe lähti _____ (mökki).
8   Koira seisoi _____ (piha).

C   **Choose the right form.**

1	Haluaisin käydä ainakin	a <u>konsertissa</u>	b konserttiin	c konsertilla.
2	Löysittekö mitään	a torilla	b torista	c torilta?
3	Saavuimme myöhässä	a asemalle	b asemaan	c asemalla.
4	Jäätkö vielä pitkäksi aikaa	a toimistoon	b toimistosta	c toimistossa?
5	Voisitko nostaa tämän laukun	a hyllyllä	b hyllylle	c hyllyssä?
6	Lauantaina olisi kiva mennä	a klubille	b klubiin	c klubissa.
7	Lapset leikkivät	a yläkerralla	b yläkerrassa	c yläkertaan.
8	Joimme aamukahvit	a terassilla	b terassissa	c terassille.

Meaning and usage

Illative ending

 D Complete the table with the missing illative singular and plural forms.

Noun		Illative singular	Illative plural
työ	(work, job)		töihin
kone	(machine)	koneeseen	
kauhea	(terrible)		kauheisiin
hylly	(shelf, bookcase)	hyllyyn	
ikkuna	(window)		ikkunoihin
mustikka	(blueberry)	mustikkaan	
posti	(post office)		posteihin
varasto	(warehouse, storage space)	varastoon	
vuosi	(year)		vuosiin

1 Illative is the ending that means *to* or *into*. It has three variants depending on the type of word it is attached to. Normally the ending is **-Vn**, that is the last vowel of the stem is double and an **-n** is added, e.g. **taloon** (*into the house*). Short words consisting of one syllable and ending in two vowels take the ending **-hVn**, where the **-V-** stands for the last vowel of the word, e.g. **maahan** (*to a country*). If the word is longer than one syllable and the word ends in two times the same vowel the illative ending is **-seen**, e.g. **huoneeseen** (*into the room*).

2 In the plural there are also three endings. If the plural stem ends in one vowel, the ending is **-in**, e.g. **järviin** (*to the lakes*). If the plural stem ends in two vowels, the ending is **-hin**, e.g. **taloihin** (*to the houses*). Words that have the illative ending **-seen** in the singular, have the illative ending **-siin** in the plural, e.g. **huoneisiin** (*to the rooms*). In other words like **huone** (*room*), **tehdas** (*factory*), **kaunis** (*beautiful*) and **väsynyt** (*tired*), but additionally also words like **vaikea** (*difficult*), which has illative singular in **vaikeaan** (*into the difficult one*) but an illative plural **vaikeisiin** (*into the difficult ones*).

3 The illative, both singular and plural, always has the strong grade, e.g. **pankki** (*bank*), **pankkiin** (*to the bank*), **pankkeihin** (*to the banks*), but **pankissa** (*in the bank*), **pankit** (*the banks*). The only exception to this rule are the illative plurals of words ending in **-kka/-kkä** and **-kko/-kkö**, e.g. **mansikoihin** (*to the strawberries*), **laatikoihin** (*to the boxes*).

E   Complete with the illative plural of the words in brackets.

1   Laita astiat _ruskeaan kaappiin_ (ruskea kaappi)!
2   Uunit viedään _____ (tilava asunto).
3   Uusi malli tilattiin _____ (kaikki liikkeet).
4   Kissalta oli jäänyt karvoja _____ (puhdas lakana).
5   Laitoimme jälkiruokaa _____ (pieni astia).
6   Emäntä kaatoi kahvia _____ (suuri kuppi).
7   Nämä valokuvat tulevat _____ (uusi kirja).
8   Taksikuskit ajoivat päivän päätteeksi taksit _____ (harmaa halli).

Meaning and usage

Existential (*there is/are*) clauses

1   In Finnish 'there is/are clauses' are called existential clauses. They always start with the place followed by a verb in the singular and then the subject, i.e. the thing that is somewhere. This word order is fixed.

Asunnossa on parveke.	(*There is a balcony in the flat.*)
Kadulla on autoja.	(*There are cars in the street.*)
Mukissa on kahvia.	(*There is coffee in the cup.*)
Asunnossa ei ole parveketta.	(*There isn't a balcony in the flat.*)
Autossa on neljä ovea.	(*The car has four doors.*)

2   Countable things in affirmative sentences are in the basic form (nominative): **parveke** (*balcony*). If the sentence is negated, the countable thing will be in the partitive, sort of in the sense of *any*: **parveketta** ((*any*) *balcony*).

Countable things in the plural are usually in the partitive plural to show indefinite amount: **autoja** (*cars*).

Mass nouns, like food and drink, are in the partitive singular to show indefinite amount: **kahvia** ((*some*) *coffee*).

Numbers will be followed by the partitive singular as usual: **neljä ovea** (*four doors*). (See the glossary for information on the partitive, mass nouns and countable nouns.)

3   Note that sometimes the translation of an existential clause may end up containing *has/have*, e.g. **autossa on neljä ovea** (*the car has four doors* (literally: *in the car there are four doors*)).

F   Use the words to form existential clauses in the present tense.

1   olohuone – nojatuoli > _Olohuoneessa on nojatuoli_.
2   kuppi – tee > _____
3   nojatuoli – peitto > _____
4   kaappi – takki > _____

5 takka – puu > _____

6 autotalli – polkupyörä > _____

7 lattia – matto > _____

8 jääkaappi – ruoka > _____

G Make the sentences in exercise F negative.

1 Olohuoneessa ei ole nojatuolia.

2 _____

3 _____

4 _____

5 _____

6 _____

7 _____

8 _____

Vocabulary

H Complete with the names of rooms and parts of the house from the box, in the correct form.

eteinen	ikkuna	~~katto~~	keittiö
parveke	puutarha	seinä	vierashuone

1 Lamppu on katossa (in the ceiling).

2 Onpa teillä _____ (in the window) kauniit verhot!

3 Mene _____ (to the balcony) polttamaan tupakkaa!

4 Taulu on olohuoneessa _____ (on the wall).

5 Meillä ei ole pesukone kylpyhuoneessa, vaan _____ (in the kitchen).

6 Suomessa täytyy jättää kengät _____ (into the hallway).

7 Leena-täti tulee kylään huomenna. Hän nukkuu _____ (in the guestroom).

8 Meillä on _____ (in the garden) kolme omenapuuta ja marjapensas.

I Complete with names of furniture or household appliances from the box in the correct form.

astianpesukone	hella	pakastin	peili
~~pesukone~~	takka	tiskiallas	uuni

1 Vaatteet ovat pesukoneessa (in the washing machine).

2 _____ (The dishwasher) on rikki. Täytyy pestä astiat käsin.

3 Pitsa on _____ (in the oven).

4 Katso itseäsi _____ (in the mirror) ennen kuin lähdet ulos.

5 Jätä kupit _____ (in the sink). Pesen ne myöhemmin.

6 Puurokattila on _____ (on the stove).

7 On ihanaa, kun tuli palaa _____ (in the fireplace).

8 Ota jäätelöä _____ (from the freezer)!

In order to learn new vocabulary try labelling items of furniture and appliances with post-it notes. You may also want to look at catalogues in Finnish instead of English when doing online shopping.

Reading

J   Read the following advertisement for a house and answer the question.

Onko tarjolla rivitaloasunto, kerrostaloasunto vai omakotitalo?

Vuokralle tarjotaan ylimmän kerroksen siistikuntoinen kolmio

Perustiedot

Sijainti	Kaleva, Tampere
Kohdenumero	123456
Kerros	5/5
Asuinpinta-ala	69 m2
Kuvaus	3h, kk, s
Kunto	hyvä
Vapautuminen	1.5.
Parveke	kyllä (lasitettu)
Sauna	kyllä
Muut ehdot	Koti- ja vastuuvakuutus. Ei tupakointia. Loppusiivous. Luottotiedot oltava kunnossa. Lemmikit tervetulleita!

Hintatiedot ja muut kustannukset

Vuokra	900 € / kk
Takuuvuokra	1 kk
Vesimaksun lisätiedot	sisältyy vuokraan
Muut kustannukset	Sähkö: oma sähkösopimus. Autopaikka: tiedustelut huoltoyhtiö. Internetmaksu: laajakaista sisältyy vuokraan.
Vuokra-aika	toistaiseksi

Talon ja tontin tiedot

Rakennuksen tyyppi	Kerrostalo
Rakennusvuosi	2009
Taloyhtiön sauna	ei
Hissi talossa	kyllä

h = h   *huone*

kk = keittokomero   *kitchenette*

s = sauna   *sauna*

K Now determine whether the following statements are true (*oikein*) or false (*väärin*), based on the text.

	oikein	väärin
1 Vuokralaisella täytyy olla oma kotivakuutus.		
2 Vuokralainen voi tuoda asuntoon koiransa.		
3 Takuuvuokra on yhden kuukauden vuokra.		
4 Vesimaksu maksetaan erikseen.		
5 Vuokralaisella täytyy olla oma laajakaistasopimus.		
6 Asuntoa tarjotaan vuokralle puoleksi vuodeksi.		

 # Writing

L Describe your house to a potential short-term tenant. Write about what is included in the rent and what items of furniture and appliances you have. Write about the attractive features, such as balcony or a garden, and the specific conditions, such as a no-smoking policy. Write a coherent text, not a list, of about 80–100 words.

_____

_____

_____

_____

_____

_____

_____

_____

_____

_____

Self-check

Tick the box which matches your level of confidence.

1 = very confident   2 = need more practice   3 = not confident

Valitse taulukosta ruutu, joka vastaa taitojasi.

1 = osaan hyvin   2 = tarvitsen lisää harjoitusta   3 = en osaa vielä

	1	2	3
Use the local case endings in the singular and the plural.			
Form different types of existential clauses.			
Use vocabulary for housing, rooms and furniture.			
Can scan and look for information in accommodation advertisements. (CEFR B1)			
Can describe accommodation to a potential tenant. (CEFR B1)			

Alkuruoaksi lohikeittoa

Salmon soup as a starter

In this unit, you will learn how to:

✓ Use different forms of the object in the singular and the plural.

✓ Form equative clauses.

CEFR: Can read and write a restaurant review (CEFR B1); Can describe food and drink (CEFR A2).

Food	Cutlery
ahven	veitsi
lohi	haarukka
pihvi	lusikka
porkkana	
sieni	
vadelma	

Meaning and usage

Object forms

1   Unlike English, in Finnish, the object can be in many different forms. The rules for these are as follows. If there is an ongoing process, the partitive -a/-ä, -ta/-tä is used. If the action is finished or the whole object is affected the object is in the accusative -n.

Syön omenaa.   (*I'm eating an apple.*)

Syön omenan.   (*I'll eat an apple.*)

2   Also, the so-called partitive verbs take partitive objects. The action they describe usually lasts for a long time.

Rakastan suklaakakkua.   (*I love chocolate cake.*)

Kuunnellaan radiota!   (*Let's listen to the radio.*)

3   In the singular the object is in the accusative -**n** when the object is countable and there is a result.

Tilasin juhliin suklaakakun.   (*I ordered a chocolate cake for the party.*)

Söimme koko kakun ja osan kekseistä.   (*We ate the whole cake and some of the biscuits.*)

4   Mass nouns tend to be in the partitive singular as an object. Note that, like in English, some mass nouns can be made into countable nouns, e.g. **kahvin** (*a coffee*) in the examples below.

Otatko kahvia?   (*Would you like some coffee?*)

Minä ottaisin kahvin ja pullan.   (*I'd like to have a coffee and a bun.*)

5   The accusative singular case ending is **-n** and the accusative plural is **-t**. Some verbs take their case endings in the accusative case. They could be regarded as accusative verbs.

Näin Kaisan eilen kaupungilla.   (*I saw Kaisa in town yesterday.*)

Tapaan Mikon huomenna.   (*I'll meet Mikko tomorrow.*)

Muistatko vielä sen ihanan kahvilan?   (*Do you still remember that lovely café?*)

6   In the plural the nominative/accusative plural **-t** is used when the object is definite.

Avaa ikkunat!   (*Open the windows!*)

Ostin omenat torilta.   (*I bought the apples at the market.*)

7   The partitive plural is used in the sense as *some*.

Ostin torilta omenoita.   (*I bought (some) apples at the market.*)

Tilasin juhliin keksejä.   (*I ordered biscuits for the party.*)

Avaan tässä juuri ikkunoita.   (*I was just opening windows here.*)

8   The strongest, most important rule is that <u>the object is always in the partitive in negative sentences.</u>

En syö omenaa.   (*I won't eat an apple. / I'm not eating an apple. / I don't eat an apple.*)

En ostanut omenoita torilta.   (*I didn't buy the apples at the market. / I didn't buy apples at the market.*)

Älä avaa ikkunoita!   (*Don't open the windows! / Don't open windows!*)

En tilannut juhliin suklakakkua ja keksejä.   (*I didn't order a chocolate cake and biscuits for the party. / I didn't order chocolate cake and biscuits for the party.*)

Emme syöneet koko kakkua.   (*We didn't eat the whole cake.*)

En nähnyt Kaisaa eilen kaupungilla.   (*I didn't see Kaisa in town yesterday.*)

Sometimes there is a negative implication without an actual negation in the sentence. Think of words like **tuskin** *(hardly),* **vaikea** *(difficult) and* **mahdoton** *(impossible). The object is always in the partitive with such phrases. For example,* **löysin todella hyvän kirjan kirjastosta** *(I found a really good book in the library), but* **joskus on vaikea löytää hyvää kirjaa kirjastosta** *(Sometimes it's difficult to find a good book in the library).*

How to form the partitive singular

1   The partitive singular is formed by adding -a/-ä (words ending in a vowel, **banaani-a** (*banana*), -ta/-tä (words ending in a consonant, **annos-ta** (*portion*)) or -tta/-ttä (words ending in -e, **kastike-tta** (*sauce*)).

A   Complete with partitive singular forms of the words provided.

1   Saisinko kaksi <u>makeaa pullaa</u> (makea pulla).
2   Laitatko pöydälle lisää _____ (lohi) ja _____ (kastike)?
3   Haluaisin _____ (kreikkalainen salaatti).
4   En halua _____ (tuo suuri annos).
5   Yritän laihtua. Saanko vain jotain _____ (kevyt jälkiruoka)?
6   Myydäänkö täällä _____ (tuore leipä)?
7   Otatko _____ (kerma) vai _____ (rasvaton maito)?
8   Hän ei ottanut edes _____ (pieni pala) kakkua.

How to form the accusative singular and the accusative plural

1   The accusative singular -n is identical to the genitive singular. The accusative plural -t is identical to the nominative plural. Both these endings are attached to the inflectional stems of nouns, e.g. **tuoree-n leivä-n** (*fresh bread*).

B   Complete with suitable words from the box. Put them in the accusative singular.

> **edullinen tarjous** (*affordable offer*)   **haudutettu tee** (*brewed tea*)   **inhottava sieni**
> (*disgusting mushroom*)   **kallis pihvi** (*expensive steak*)   **nopea munakas** (*quick omelette*)
> **palanut paistos** (*burnt casserole*)   **suuri lohi** (*large salmon*)   **uusi kaulin** (*new rolling pin*)

1   Mennään siihen isoon supermarkettiin. Näin mainoslehdessä <u>edullisen tarjouksen</u>.
2   Ostin kalatiskiltä viikonlopuksi _____.
3   Otitko sen _____ jo pois uunista?
4   Käyn harvoin ravintolossa. Siksi tilaan aina _____ ja ranskalaiset perunat.
5   Me tarvitsemme kyllä _____. Tällä vanhalla ei voi tehdä piparkakkuja.
6   Markku löysi pitsastaan _____. Hän ei halunnut syödä sitä enää.
7   Voitko tuoda minulle tiskiltä _____? Se tuoksuu niin hyvältä ja en halua juoda kahvia näin myöhään.
8   Teenkö sinulle aamupalaksi _____? Vai otatko vain paahtoleipää?

C   Complete with a suitable word from the options provided. Use the accusative plural.

ahkera/makkara/tavara

1   Otitko *makkarat* mukaan mökille? Tänään grillataan.

koululainen/kiinalainen/ranskalainen

2   Tilasimme lapsille kananugetteja ja _____ .

päärynä/rusina/taikina

3   Osta kaupasta glögiä varten mantelit ja _____ .

kimppu/limppu/temppu

4   Leipomostamme voit ostaa kaupungin parhaat _____ .

velli/veitsi/verho

5   Laita lusikat, _____ ja haarukat tiskikoneeseen.

kirsikka/pähkinä/vadelma

6   Löydät kaikki terveelliset _____ ja siemenet irtomyynnistä.

How to form the partitive plural

1   The partitive plural is formed by adding -**a**/-**ä** to a plural stem that ends in a single vowel and **ta**/-**tä** to a plural stem that ends in two vowels, **sieni-ä** (*mushrooms*) and **hernei-tä** (*peas*), respectively.

D   Complete the sentences with the words in brackets. Use the partitive plural.

1   Poimimme metsästä *mansikoita* (mansikka) ja *puolukoita* (puolukka).
2   Uuteen ravintolaan etsittiin _____ (tarjoilija).
3   Rakastan _____ (lihapulla)!
4   Vihaan _____ (sardiini)!
5   Kahvilassamme myydään _____ (erikoiskahvi).
6   Tehdäänkö tänään _____ (lämmin voileipä)?
7   Listalle on lisätty _____ (uusi pitsa).
8   Asiakkaat haluaisivat maistaa _____ (suomalainen olut).

Meaning and usage

Nominative singular instead of the accusative singular

1   Sometimes it is not possible to use the accusative singular object ending in -**n**. The basic dictionary form (nominative) is used instead. The first example illustrates a standard case where the verb is normal, and there is a planned result and a countable object, the whole of which will be affected.

Varaanko pöydän ravintolasta?   (*Shall I reserve a table in the restaurant?*)

2 When the verb is in the imperative and the sentence is an order, use a nominative instead of the accusative.

Varaa pöytä! *(Reserve a table!)*

3 When the verb is in the passive form used in the sense let's, or used as an actual passive, the accusative ending cannot be used and the nominative is used instead.

Varataan pöytä! *(Let's reserve a table!)*

Pöytä varataan netin kautta. *(The table is booked online.)*

4 In necessive (*have to*) clauses, the nominative is used instead of the accusative.

Meidän täytyy varmasti varata pöytä. *(We probably have to reserve a table.)*

5 The same applies when the verb **olla** (*to be*) is followed by an infinitive and then an object.

On aina hyvä idea varata pöytä *(It's always a good idea to reserve a table*
etukäteen. *in advance.)*

6 Note that negative versions of all the sentences above will have a partitive object, e.g.
Älä varaa pöytää! (*Don't reserve a table!*), **Meidän ei tarvitse varata pöytää** (*We don't have to book a table*).

> Note that nothing happens to the objects in the plural and the partitive objects in the cases and constructions described above.

E Choose the correct form of the object.

1 Leivotaan	**a** pulla	**b** pullan	**c** pullia!
2 Maustatko	**a** paistin	**b** paistia	**c** paisti valkosipulilla?
3 Syö vaan koko	**a** kakku	**b** kakkua	**c** kakkuja!
4 On aina ihanaa juoda	**a** kuohuviini	**b** kuohuviiniä	**c** kuohuviinin!
5 Älä osta	**a** valmisruokaa	**b** valmisruoan	**c** valmisruoat!
6 Meidän täytyy varmaan pyytää	**a** laskua	**b** laskun	**c** lasku
7 Tiskasin kaikki	**a** astiat	**b** astioita	**c** astian
8 Ei kannata ottaa	**a** banaani	**b** banaaneja	**c** banaanit mukaan töihin

Meaning and usage

Equative clause: SUBJECT+ olla (*to be*) + NOUN/ADJECTIVE

An equative clause occurs when the subject is a noun or an adjective.

1 When the subject is countable and singular (**minä**(*I*), **ravintola** (*restaurant*), **ruokalista** (*menu*)), the word after the verb is in the basic form, even in negative sentences, e.g. **ruokalista ei ole kattava** (*the menu is not extensive*).

Minä olen kokki/iloinen.	(*I'm a chef/happy.*)
Minä en ole tarjoilija.	(*I'm not a waiter.*)
Ruokalista ei ole kattava.	(*The menu is not extensive.*)

2 When the subject is a mass noun in the singular, that is food, drink or an abstract word e.g. **elämä** (*life*), the word after the verb is in the partitive singular, e.g. **kahvi on kylmää** (*the coffee is cold*).

Yök, kahvi on kylmää.	(*Yuck, the coffee is cold.*)
Elämä on ihanaa.	(*Life is wonderful.*)

3 Finally, if the subject is countable and plural, the partitive plural is used both in affirmative and negative clauses, e.g. **mansikat eivät ole kypsiä** (*the strawberries aren't ripe*).

Nämä makkarat ovat todella hyviä.	(*These sausages are really good.*)
Minusta mansikat eivät ole kypsiä vielä.	(*I don't think that the strawberries are ripe yet.*)

4 When the subject is in the plural but refers to one thing, the noun/adjective is in the nominative plural -**t**.

Häät olivat upeat.	(*The wedding was amazing.*)
Nämä housut eivät ole hyvät.	(*These trousers (one pair) aren't good.*)

F Use the correct form of the words in brackets.

1 Mustikat ovat sinisiä (sininen).
2 Suklaa on _____ (makea).
3 Ruoanlaitto on sitten _____ (hauska).
4 Maito on _____ (valkoinen)
5 Viinirypäleet ovat nyt _____ (halpa).
6 Ovatko tomaatit jo _____ (kotimainen)?
7 Sanotaan, että puuro on _____ (terveellinen).
8 Markkinat ovat vuoden _____ (ensimmäinen).

Vocabulary

Numbers, quantifiers and measures

1   Numbers from two onwards, **monta** (*many*) and **pari** (*a couple*) take the partitive singular, e.g. **kuusi pullaa** (*six buns*), **monta porkkanaa** (*many carrots*), **pari karjalanpiirakkaa** (*a couple of Karelian pies*).

2   When using other quantifiers (e.g. **vähän** (*little*)) and measures (e.g. **pullo** (*bottle*)) either the singular or plural partitive is used. For example, **pullo viiniä** (*a bottle of wine*), **kuppi kahvia** (*a cup of coffee*), **tölkki olutta** (*a can of beer*), **kilo porkkanoita** (*a kilo of carrots*), **purkki hilloa** (*a jar of jam*), **litra mansikoita** (*a litre of strawberries (sold by the litre in the summer)*), **vähän suolaa** (*a little salt*), **paljon omenoita** (*a lot of apples*), **desi jauhoja** (*a decilitre of flour*).

G   Match the beginning of each sentence with the correct end of the sentence.

1   Olen tainnut juoda liian monta kuppia   a   viiniä tarvitaan?

2   Tuotko kaupasta pari tölkkiä   b   porkkanoita?

3   Kuinka monta pulloa   c   vadelmahilloa.

4   Saisinko kilon   d   suolaa.

5   Harri toi torilta litran   e   jauhoja.

6   Lättyjen kanssa tarvitaan purkki   f   kahvia.

7   Tässä sopassa on liian vähän   g   olutta?

8   Taikinaan tulee kaksi desiä   h   mansikoita.

H   Complete with words from the box that are the opposites of the adjectives.

epäterveellistä	hapanta	kevyttä	kypsää
pahaa	suolatonta	~~tulista~~	vahvaa

1   Japanilainen ruoka on mietoa. Meksikolainen ruoka on tulista.

2   Salaatti on terveellistä. Pitsa on _____.

3   Tämä keitto on liian suolaista. Eilinen ruoka oli _____.

4   Lasagne on liian rasvaista. Onko teillä _____ kasvisannosta?

5   Mansikkahillo on makeaa, mutta puolukkahillo on _____.

6   Sinä teet aina niin laihaa kahvia. Voitko tehdä kahvista _____?

7   Älä syö raakaa kanaa! Sen täytyy olla _____.

8   Söin todella herkullista ruokaa ravintolassa. Äiti tekee aina niin _____ ruokaa.

# Reading

I Read the email from one friend to another recommending a restaurant and answer the question.

Kuinka monta ruokalajia he söivät ravintolassa?

_____

Lähettäjä:	Essi Mäkelä
Vastaanottaja:	Kiva Opiskelija
Aihe:	Ravintola

Hei! Kävin siellä uudessa ravintolassa, josta me puhuttiin. Tykkäsin isoista hauskoista lampuista katossa ja merimaisemasta. Ravintolan sijainti oli siis loistava. Siellä oli tosi hyvä drinkkivalikoima, mutta me tilattiin vain lasit kuohuviiniä. Matti otti alkuruoaksi lohikeittoa. Se oli kermaista ja perinteistä. Itse otin annoksen hummusta ja punajuurisalaattia. Hummus oli vähän puuromaista, mutta salaatti oli maustettu tosi hyvin. Pääruoaksi otin kuhaa ja sahramirisottoa. Matti otti hirvenlihaa ja uuniperunat. Emme syöneet jälkiruokaa.

Tarjoilu oli tosi nopeaa ja ystävällistä, ja meille suositeltiin todella hyviä ranskalaisia viinejä. Ravintola ei kuitenkaan ollut kovin halpa ja en pitänyt heidän leipävalikoimastaan.

Miltä kuulostaa? Mennäänkö yhdessä? Haluaisin kokeilla vasikanlihapullia ja inkiväärijäätelöä. Oletko sinä käynyt hyvässä ravintolassa viime aikoina? T. Essi

J Now determine whether the following statements are true (*oikein*) or false (*väärin*), based on the text.

	oikein	väärin
1 Essi ja Matti tilasivat lempidrinkkinsä.		
2 Lohikeitto oli liian suolaista.		
3 Punajuurisalaatti oli maustettu hyvin.		
4 Essi otti kalaa pääruoaksi.		
5 Matti söi perunoita pääruoan kanssa.		
6 Tarjoilu oli hidasta.		

# Writing

K   Write a reply to the email in exercise I. Tell your foodie friend about a restaurant that you have recently visited. Describe what you ate and drank, and what was good and what was not so good, based on the model provided. Write about 80–100 words.

_____

_____

_____

_____

_____

_____

_____

_____

_____

_____

Self-check

Tick the box which matches your level of confidence.

1 = very confident   2 = need more practice   3 = not confident

Valitse taulukosta ruutu, joka vastaa taitojasi.

1 = osaan hyvin   2 = tarvitsen lisää harjoitusta   3 = en osaa vielä

	1	2	3
Use different forms of the object in the singular and the plural.			
Form equative clauses.			
Can describe food and drink. (CEFR A2)			
Can read and write a restaurant review. (CEFR B1)			

5 Olen syntynyt Hyvinkäällä, mutta kävin koulua Rovaniemellä

I was born in Hyvinkää but I went to school in Rovaniemi

In this unit you will learn how to:

✓ Use the simple past, perfect and pluperfect tenses.

✓ Use basic conjunctions.

✓ Use vocabulary for life stories.

CEFR: Can read a biography (CEFR A2); Can describe past events and write your biography (CEFR A2).

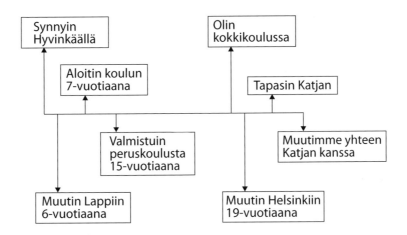

Meaning and usage

The simple past

1 The simple affirmative past is used to talk about things in the past when there is little relevance to the present moment and the action is over or the time is specified, as the examples show.

 A **Look at the following examples and try to figure out or revise the rules for the use and formation of the simple past tense.**

Hän <u>puhui</u> liikaa kokouksessa.	(*He was speaking too much at the meeting.*)
<u>Kysyitkö</u> mitä se maksaa?	(*Did you ask how much it cost?*)
<u>Ostimme</u> kaksi kiloa perunoita.	(*We bought two kilos of potatoes.*)

<u>Menin</u> pyörällä töihin eilen.	(*I went to work by bike yesterday.*)
Me <u>tanssimme</u> Liisan kanssa koko illan.	(*Liisa and I danced all night.*)
Vieraat <u>joivat</u> punaviiniä ja boolia.	(*The guests drank red wine and punch.*)
<u>Heräsitkö</u> aikaisin tänään?	(*Did you wake up early today?*)
Taas <u>satoi</u> vettä koko päivän.	(*Once again it was raining all day.*)
<u>Ymmärsittekö</u> mitä opettaja sanoi?	(*Did you understand what the teacher said?*)

The use of tenses in Finnish resembles the use of tenses in English, which makes things easier. The main differences are that Finnish doesn't have continuous tenses, e.g. I was baking, the perfect and pluperfect are perhaps used a little bit more, and Finnish doesn't have a future tense.

How to form the affirmative past tense (imperfect)

1   The past tense marker is -i- in verb types 1, 2, 3, 5 and 6, and -si- in verb type 4. This marker is added between the verb stem and the person suffix at the end as follows.

2   **Verb type 1:** rounded vowels **o, u, ö,** and **y** stay as they are when the past tense marker is added between the stem and the person suffix, e.g. **sanon** (*I say*) > **sanoin** (*I said*).

3   Unrounded vowels **a, ä, e, i** are deleted when the past tense marker -i- is added between the stem and the person suffix, e.g. **ostan** (*I buy*) > **ostin** (*I bought*). Note that in the third-person singular there is only one vowel left, the past tense -i, e.g. **päättää** (*he/she decides*) > **päätti** (*he/she decided*). If the final vowel of the verb stem is -i-, the present and the past tense forms are identical: **tanssivat** (*they dance, they danced*). The context will determine which meaning is activated.

4   If a verb has consonant gradation the past tense has the same pattern as the present tense, that is third-person singular (**nukkui** (*he/she slept*)) and third-person plural (**nukkuivat** (*they slept*)) are in the strong grade, others are in the weak grade, e.g. **nukuin** (*I slept*). All verb type 3 and 4 verbs with consonant gradation are in the strong grade in the past tense, e.g. **kuuntelin** (*I listened*), **tapasin** (*I met*), like they are in the present tense.

5   There are two special groups of **verb type 1** verbs that do not follow these rules. The first group consists of verbs with two syllables with **a** in both syllables. When the past tense marker is added to these verbs the vowel **a** is not deleted like the original rule states. Instead it turns into an **o**, e.g **maksan** (*I pay*) → **maksoin** (*I paid*), **sataa** (*it rains*) → **satoi** (*it rained*).

6   The second special group is verbs that have **t** in the infinitive and have consonant gradation. The inherent **t** of these verbs turns into an **s**. The vowels are unrounded and they are deleted like the original rule states. Some of the infinitive forms of the example verbs are: **tietää** (*to know*), **ymmärtää** (*to understand*), **lentää** (*to fly*). They change as follows: **tiedän** (*I know*) → **tiesin** (*I knew*), **ymmärrät** (*you understand*) > **ymmärsit** (*you understood*), **lentää** (*he/she flies*) → **lensi** (*he/she flew*).

7   **Verb type 2:** verb type 2 verbs lose one of their vowels when the past tense marker is added. Note if the two vowels are a diphthong, i.e. different from each other, the first vowel is deleted: **saan** (*I get*) → **sain** (*I got*), **syöt** (*you eat*) > **söit** (*you ate*). In the third-person singular nothing is doubled: **myi** (*he/she sold*), **söi** (*he/she ate*). If the diphthong ends in -**i**-, the present and the past tense forms are identical, e.g. **uin** (*I swim, I swam*).

8   The only verb that is irregular in the past tense is the verb **käydä** (*to go* (*and come back*)). It has a past tense stem **kävi-**, e.g. **käyn** (*I go*) > **kävin** (*I went*).

9   **Verb types 3, 5 and 6:** verb type 3, 5 and 6 verbs lose the stem-final vowel -**e**- when the past tense marker is added. There is only one vowel in the third-person singular. For example, **opiskelee** (*he/she studied*) → **opiskeli** (*he/she studied*), **tarvitsen** (*I need*) → **tarvitsin** (*I needed*), **lämpenee** (*it gets warmer*) → **lämpeni** (*it got warmer*).

10 **Verb type 4:** verb type 4 verbs have the past tense marker -**si**-, which replaces the -**a/ä**- that has been added in the present tense, e.g. **herätä** (*to wake up*), **herään** (*I wake up*) → **heräsin** (*I woke up*). Note that in the third-person singular even the doubled vowel is deleted, e.g. **siivoaa** (*he/she cleans*) → **siivosi** (*he/she cleaned*).

B   **Complete with the past tense of the present-tense verb in brackets.**

1   He joivat (juovat) aamulla kahvia.
2   _____ (matkustamme) Lappiin.
3   Lauantaina _____ (sataa) lunta.
4   _____ (katsotko) televisiota?
5   Hän _____ (nousee) aikaisin.
6   Leena _____ (käy) kaupassa.
7   _____ (uin) järvessä.
8   _____ (ymmärrän) kaiken.

C   **Complete with the affirmative past-tense (imperfect) forms of the verbs in brackets.**

1   Me olimme (olla) väsyneitä aamuisin.
2   Kuka _____ (tuoda) juhliin valkoviiniä?
3   Kenet sinä _____ (tavata) kadulla?
4   Minä _____ (lukea) kirjan loppuun eilen.
5   Minä _____ (alkaa) soittaa kitaraa kahdeksanvuotiaana.
6   Mitä te _____ (tehdä) viikonloppuna?
7   Minkä matkakohteen sinä _____ (valita)?
8   _____ kö (lentää) te Tukholmaan?

Meaning and usage

The negative past tense

1   The negative past tense looks completely different from the affirmative past tense. The negative past tense consists of the negative verb and a verb form called the past participle, e.g. **puhuin** (*I spoke*), **en puhunut** (*I didn't speak*); **muutimme** (*we moved*), **emme muuttaneet** (*we didn't move*).

 D   **Complete the table with negative past tense forms of the verbs provided. Use the examples to help you.**

1 istua	minä	minä en istunut
2 opiskella	hän	
3 nousta	me	
4 häiritä	te	te ette häirinneet
5 lyhetä	se	
6 olla	he	
7 mennä	sinä	sinä et mennyt
8 tilata	minä	
9 myydä	te	
10 tietää	hän	

2   The participle is formed by adding the -**nut**/-**nyt** or -**neet** to the infinite stem; -**nut** is used with back vowels and -**nyt** with front vowels, -**neet** is used in the plural. The infinitive marker is removed and the suffix is added there instead. In verb type 3 there is assimilation: the **n** becomes the same consonant as at the end of the verb. In verb types 4, 5 and 6 the **n** is doubled.

Infinitive	Meaning	Stem	Participle SG.	Participle PL.
1 puhua	*to speak*	puhu-	puhunut	puhuneet
2 syödä	*to eat*	syö-	syönyt	syöneet
3 tulla	*to come*	tul-	tullut	tulleet
3 pestä	*to wash*	pes-	pessyt	pesseet
4 herätä	*to wake up*	herä-	herännyt	heränneet
5 tarvita	*to need*	tarvi-	tarvinnut	tarvinneet
6 vanheta	*to age*	vanhe-	vanhennut	vanhenneet

3 The verb **tietää** (*to know*) has two parallel participle forms: **tietänyt** and **tiennyt**. The shorter irregular form **tiennyt** is more frequent.

 *Take extra care when talking about events that did not happen in the past. Most students forget that the negative past is very different from the affirmative past. For extra practice you could negate the verbs in exercises **A** and **B**.*

Meaning and usage

The perfect tense

1 The perfect tense is used in the same way as in English instead of the simple past when there is a clear connection to the present moment. Unlike in English, there is not a continuous perfect tense, e.g. (*I have been cleaning*). The perfect tense is used in the following contexts.

2 When the time is not specified but something has taken place.

- **Oletko kuullut, että Liisa on ostanut** auton.	(*Have you heard that Liisa has bought a car?*)
- **Milloin?**	(*When?*)
- **Hän osti sen viime viikolla.**	(*She bought it last week.*)

3 When the action described still continues or is relevant to the present moment.

Olen asunut Suomessa viisi vuotta. Sitä ennen asuin Kiinassa.	(*I've been living in Finland for five years. Before that I lived in China.*)

4 When something has not happened yet but may still happen.

- **Oletko jo syönyt?**	(*Have you already eaten?*)
- **Ei, en ole syönyt lounasta vielä.**	(*No, I haven't had lunch yet.*)
En ole ikinä käynyt suomalaisessa saunassa.	(*I've never been to a Finnish sauna.*)

5 When there is evidence of something and the traces of something can be seen.

Viime yönä on satanut lunta.	(*It snowed last night.*)

6 The perfect tense is combined with the present tense for future events.

Kun olen kirjoittanut kirjeen, Pekka vie sen postiin.	(*Once I've written the letter, Pekka will take it to the post office.*)

*There are two main dialect areas in Finland, east and west. In the east **minä** (I) is **mie**, double vowels become diphthongs (**maa** (country) > **moa**), ts is pronounced as ht (**metsä** (forest) > **mehtä**). In the west, **minä** is usually **mä** or **mää**, and ts is pronounced **tt** (**mettä**). In Lapland and Ostrobothnia extra vowels are used, e.g. **kolme** (three) is **kolome**, **tyhmä** (stupid) is **tyhymä**. In Turku sounds are lost from the ends of words and single consonants may be doubled: **monta kertaa** (many times) is **mont kertta**.*

How to form the perfect tense

1   The perfect tense is a combination of the verb **olla** (*to be*) in the present tense and the same participle form as in the negative past tense, e.g. **olen asunut** (*I have lived*), **en ole asunut** (*I haven't lived*), **olemme asuneet** (*we have lived*), **emme ole asuneet** (*we haven't lived*).

E   **Complete with the affirmative perfect tense forms of the verbs in brackets.**

1   Minä <u>olen asunut</u> (asua) täällä jo kymmenen vuotta.
2   Sinä _____ (tehdä) niin paljon elämässäsi.
3   Hän _____ (opiskella) suomea jo viisi vuotta.
4   Me _____ (pestä) vaatteet jo.
5   Te _____ (pelata) jalkapalloa jo viisi vuotta.
6   He _____ (valita) kurssit ensi vuodeksi.

F   **Answer the following questions either using the affirmative or the negative perfect tense.**

1   Kuinka kauan olet opiskellut suomea? <u>- Olen opiskellut suomea viisi vuotta.</u>
2   Kuinka monta kertaa olet käynyt Suomessa? _____
3   Kuinka kauan olet asunut kotikaupungissasi? _____
4   Oletko käynyt Lapissa? <u>- Joo, olen käynyt Lapissa.</u>
5   Oletko syönyt jo lounasta? _____
6   Oletko koskaan käynyt savusaunassa? _____
7   Oletko koskaan nähnyt revontulia? _____
8   Oletko koskaan uinut meressä? _____

Meaning and usage

The pluperfect tense

1   The pluperfect tense is used in the following contexts.

2   When something has happened in the past before another activity – the pluperfect is then combined with the simple past (imperfect).

<u>Olin opiskellut</u> suomea pari kuukautta, ennen kuin muutin tänne.   (*I had studied Finnish for a couple of months before I moved here.*)

3 When telling a second-hand story, especially in spoken language.

Sitte ne oli menny vanhaan kaupunkiin ja ostanu kaikenlaista. Ja sitte Ulla oli kaatunu ja murtanu nilkkansa.

(Then they'd gone to the old town and bought all kinds of things. And then Ulla had fallen and broken her ankle.)

How to form the pluperfect tense

1 The pluperfect tense is a combination of the verb **olla** (*to be*) in the past tense and the same past participle as in the negative simple past and the perfect tense, e.g. **olin asunut** (*I had lived*), **en ollut asunut** (*I hadn't lived*); **olimme asuneet** (*we had lived*), **emme olleet asuneet** (*we hadn't lived*).

G Complete the sentences with the correct pluperfect forms from the box.

> oli etsinyt   oli halunnut   olin opiskellut   ~~olimme muuttaneet~~
>
> olimme saaneet   olitteko ostaneet   olivat tunteneet

1 Me *olimme muuttaneet* takaisin Helsinkiin, kun Anna syntyi.

2 Minä _____ vuoden, kun päätin pitää välivuoden.

3 Kaisa _____ aina _____ matkustaa.

4 Me _____ juuri _____ toisen lapsemme, kun minä menetin työpaikkani.

5 _____ jo _____ uuden asunnon, kun jäit äitiyslomalle?

6 He _____ toisensa kaksi vuotta, kun he päättivät muuttaa yhteen.

7 Mieheni _____ töitä puoli vuotta, kun hän vihdoin sai kutsun haastatteluun.

Vocabulary

H Complete the sentences with conjunctions from the box, using each conjunction only once.

> **ennen kuin** (*before*)   **että** (*that*)   **jos** (*if*)   **jotta** (*so that*)   **koska** (*because*)
>
> **kun** (*when*)   **kunnes** (*until*)   **mutta** (*but*)   **samalla kun** (*at the same time as, while*)
>
> ~~**vaan** (*but, instead*)~~   **vaikka** (*although*)

1 En käynyt koulua Helsingissä, *vaan* Tampereella.

2 Muutimme Vaasaan, _____ sain töitä sieltä. Olisimme halunneet jäädä Helsinkiin.

3 Sain kuulla, _____ olin saanut työpaikan, jota hain.

4 Hain yliopistoon opiskelemaan venäjää heti, _____ olin päässyt ylioppilaaksi.

5 _____ pankki antaa meille lainan, ostamme oman kodin.

6 _____ päätin vaihtaa uraa, kysyin neuvoa ystäviltäni ja psykologilta.

7 Menen koulutukseen, _____ saisin ylennyksen.

8 Pyysin Annikaa vaimokseni, _____ hän kieltäytyi.

9 Olin samassa työpaikassa yli viisitoista vuotta, _____ en pitänyt työstä yhtään.

10 Kirjoitin lopputyötä _____ etsin töitä.

I   Complete with suitable life story words from the box.

avoliitossa	eläkkeelle	erosin	kävin	menimme
naimisiin	~~valmistuin~~	ylennystä		

1   _Valmistuin_ yliopistosta vuonna 2013.
2   _____ koulua maalla.
3   Menin _____ heti yliopiston jälkeen.
4   Asun yhdessä tyttöystäväni kanssa eli olen _____.
5   _____ miehestäni viisi vuotta sitten.
6   Hain _____, jotta saisin parempaa palkkaa.
7   Jäin _____, kun täytin 65 vuotta.
8   _____ kihloihin seuraavana kesänä.

📖 Reading

J   Read the following life story and answer the question below.

Mitä töitä puhuja on tehnyt?

_____

Elämästäni

Haluaisin kertoa hiukan elämästäni. Olen syntynyt vuonna 1982 Hyvinkäällä, Etelä-Suomessa.
Vanhempani olivat menneet naimisiin pari vuotta aikaisemmin. Asuimme vielä Hyvinkäällä, kun
veljeni syntyi. En käynyt koulua Hyvinkäällä, koska me muutimme Lappiin, kun olin kuusivuotias.
Isäni halusi palata juurilleen ja haki töitä Rovaniemeltä. Minä kävin koulua yhdeksän vuotta
Rovaniemellä. Sitten minun täytyi valita ammattikoulun tai lukion välillä. Päätin mennä
ammattikouluun, koska olin ollut kiinnostunut ruoanlaitosta jo pitkään. Valmistuin kokkikoulusta
kolmen vuoden kuluttua. En halunnut jäädä Lappiin. Harjoittelupaikassa tutustuin kokeneeseen
kokkiin, jonka haave oli perustaa ravintola Helsinkiin. Hän toteutti haaveensa. Otin yhteyttä
tähän tuttuuni ja pääsin töihin hänen ravintolaansa. Sain ylennyksen melkein heti. Kun olin
ollut töissä muutaman vuoden, tapasin Katjan. Me tapailimme pari vuotta ja muutimme sitten
yhteen. Nyt olemme asuneet yhdessä jo monta vuotta. Kun olemme säästäneet rahaa, ostamme
yhteisen asunnon.

K   Based on the reading, decide whether the following statements are true (*oikein*) or false (*väärin*).

	oikein	väärin
1 Kirjoittajalla on sisko.		
2 Kirjoittaja kävi koulua Hyvinkäällä.		
3 Kirjoittajan isä on kotoisin Lapista.		
4 Kirjoittaja ei halunnut asua Lapissa enää kokkikoulun jälkeen.		
5 Kirjoittaja ja Katja muuttivat heti yhteen.		
6 He ovat ostaneet yhteisen asunnon.		

Writing

L   Write your life story using different tenses to describe what you did, what you had done and what you have done. Write about your childhood, education, relationships, moves, different jobs and what you are planning to do in the future, following the model provided by the reading task. Write about 80–100 words.

_____

_____

_____

_____

_____

_____

_____

_____

_____

_____

_____

_____

Self-check

Tick the box which matches your level of confidence.

1 = very confident   2 = need more practice   3 = not confident

Valitse taulukosta ruutu, joka vastaa taitojasi.

1 = osaan hyvin   2 = tarvitsen lisää harjoitusta   3 = en osaa vielä

	1	2	3
Use the simple past, perfect and pluperfect tenses.			
Use basic conjunctions.			
Use vocabulary for life stories.			
Can read a biography. (CEFR A2)			
Can describe past events and write your own biography. (CEFR A2)			

6 Kaikkia harmittaa, jos ei sada lunta

Everyone is disappointed if it doesn't snow

In this unit you will learn how to:

✅ Form subjectless clauses.

✅ Form experiencer clauses to talk about feelings.

✅ Use vocabulary about months, seasons and points of compass.

CEFR: Can read a detailed personal description about the weather and the seasons in Finland (CEFR B1); Can write an essay about the weather and the season in a place, referring to feelings (CEFR B1).

Meaning and usage

Subjectless clauses

1 Subjectless clauses lack a subject that would match to the English *it*. They have to do with states, weather and time as the following examples show.

Sataa lunta.	(*It's snowing.*)
Ulkona tuulee.	(*It's windy* (literally: *blowing*) *outside.*)
On todella aurinkoista.	(*It's very sunny.*)
Täällä on kivaa.	(*It's nice here.*)
Huoneessa oli siistiä.	(*It was tidy in the room.*)
On maanantai.	(*It's Monday.*)
Eilen oli sunnuntai.	(*It was Sunday yesterday.*)

A Translate the following sentences from English into Finnish based on the model provided by the example sentences.

1 It's windy today. → <u>Tänään tuulee. / Tänään on tuulista.</u>
2 It's raining outside. _____
3 It will be sunny tomorrow. _____
4 It was hot last year. _____
5 It was Friday yesterday. _____
6 It's beautiful in Helsinki. _____
7 It's morning now. _____
8 It's dark outside. _____

How to form subjectless clauses

1 Subjectless clauses lack a subject, unlike the equivalent English sentences, which have the dummy subject *it*. The verb is in the third-person singular, the *he/she/it* form. The first slot in a subjectless clause may be empty or there may be a place (e.g. **huoneessa** (*in the room*), **ulkona** (*outside*)) or a time (e.g. **eilen** (*yesterday*)). Adjectives tend to be in the partitive apart from the most frequent adjectives, namely **kylmä** (*cold*), **kuuma** (*hot*) and **lämmin** (*warm*).

 *Finnish winters are long, cold and snowy. For this reason Finnish has a large number of words for snow and ice. The basic word is **lumi** (snow). **Pyry** is a snowstorm, **räntä** is sleet, **loska** is very wet snow mixed with mud, **railo** is a pressure ridge in ice, **hanki** is an even layer of snow on the ground hard enough for walking or skiing on, **nietos** is a snowdrift, **huurre** is rime or granular frost, **kuura** is hoarfrost, frozen dew.*

Meaning and usage

Experiencer clauses

1 Experiencer clauses have to do with the way people are feeling or how things are going for them.

Minulla on kylmä.	(*I'm cold.*)
Lapsilla on tylsää.	(*The children are bored.*)
Minun kävi huonosti.	(*It went badly for me.*)
Minun tuli ikävä häntä.	(*I started to miss him.*)

How to form experiencer clauses

1 The experiencer in these clauses has the ending **-lla/-llä** or the genitive **-n**. The verb is in the third person (e.g. **on** (*is*), **kävi** (*went*), **tuli** (*came*)).

B Match the experiencer clauses with the English translations.

Minulla on jano.	**a** *Things went badly for him.*
Meillä on ikävä häntä.	**b** *He got cold.*
Hänen kävi hullusti.	**c** *We're hot.*
Petrin tekee mieli jäätelöä.	**d** *Petri wasn't hungry.*
Meillä on kuuma.	**e** *Petri would like some ice cream.*
Hänen tuli kylmä.	**f** *I'm thirsty.*
Petrillä ei ollut nälkä.	**g** *I got thirsty.*
Minun tuli jano.	**h** *We miss him.*

C Choose a suitable experiencer clause from the box.

Heillä on tylsää	Hänelle tuli jano	~~Kaisalla on ikävä perhettään~~	Meillä on nälkä
Minulla on kylmä	Minun käy sääli häntä	Minun tekee mieli kahvia	

1 Kaisa on kaukana perheestään. Miltä hänestä tuntuu? <u>Kaisalla on ikävä perhettään.</u>
2 On 15 astetta pakkasta. _____
3 Kello on 11 ja en ehtinyt juoda kahvia aamulla. _____
4 Annika juoksi 10 kilometriä auringonpaisteessa. _____
5 Emme ole syöneet moneen tuntiin. _____
6 Hannu menetti työpaikkansa. _____
7 Lapsilla ei ole mitään tekemistä. _____

Meaning and usage

Verbs expressing feelings

1 Feelings can be expressed in another way. Notice the difference between these examples and the examples in the previous category.

Minua väsyttää.	(*I feel tired.*)
Meitä paleltaa.	(*We feel cold.*)
Lasta nauratti.	(*The child felt like laughing.*)
Kaisaa janottaa.	(*Kaisa feels thirsty.*)

Verbs expressing feelings that take the partitive

2 The subject in these types of clauses is in the partitive. The verb always has the suffix **-tt-**. The verb is in the third-person singular. Here are some additional examples.

Mattia pelottaa.	(*Matti feels scared.*)
Häntä yskitti konsertissa.	(*He/she felt like coughing at the concert.*)
Häntä ahdistaa.	(*He/she feels anxious.*)
Lasta itkettää.	(*The child feels like crying.*)

Ennen tenttiä opiskelijoita jännittää.	(*Students feel nervous before the exam.*)
Meitä harmitti matsin jälkeen.	(*We were feeling disappointed after the match.*)

3   A subject may be added to these types of clauses. The subject may be a noun (e.g. **sade** (*rain*), **tämä melu** (*this noise*)), an infinitive (e.g. **muistuttaa** (*to remind*), **siivota** (*to clean*)) or a whole subordinate clause (e.g. **että koe meni huonosti** (*that the test went badly*)).

Meitä ärsyttää jatkuva sade.	(*The continuous rain annoys us.*)
Naapuria häiritsee tämä melu.	(*The neighbour is bothered by this noise.*)
Minua inhottaa siivota vessaa.	(*I feel disgusted about cleaning the toilet.*)
Annaa suututtaa muistuttaa häntä asiasta joka kerta.	(*Anna is angry about having to remind him/her about the matter every time.*)
Minua harmittaa, että koe meni huonosti.	(*I'm disappointed that the test went so badly.*)

4   The subject and verb may be in the plural.

Urheilutapahtumat kiinnostavat suomalaisia.	(*Sports events interest Finns.*)

5   The experiencer may also be left out or implied.

Kahvi piristää aamulla.	(*Coffee cheers (one) up in the morning.*)
Työpäivän jälkeen väsyttää.	(*One feels tired after a work day.*)

D   Complete with feeling verbs from the box.

harmittaa	inhottaa	kiinnostaa	naurattaa
paleltaa	~~pelottaa~~	väsyttää	

1   Lapsia pelottaa, että myrsky lähestyy.
2   Talvella _____ aamuisin, kun on pimeää.
3   Anttia _____, että sateenvarjo jäi kotiin.
4   Kyllä meitä kaikkia _____, kun oli 40 astetta pakkasta.
5   Säätiedotus _____ veneilijöitä ja surffareita.
6   Leenaa vain _____, kun hän ei pysynyt pystyssä kovalla tuulella.
7   Minua _____, kun sukat kastuvat loskasäällä.

E   Choose a suitable feeling verb.

1   On kuuma. Meitä   **a** janottaa   **b** naurattaa   **c** itkettää.
2   Heräsin kello kuusi. Minua   **a** yskittää   **b** väsyttää   **c** inhottaa.
3   Voitko laittaa lämmityksen päälle? Minua   **a** paleltaa   **b** piristää   **c** nukuttaa.
4   Minua   **a** ärsyttää   **b** kiinnostaa   **c** paleltaa, kun ihmiset puhuvat kännykkään kovaan ääneen bussissa.
5   Käärmeet   **a** inhottavat   **b** naurattavat   **c** yskittävät minua.

Vocabulary

F Practise the names of the months and seasons by completing the following sentences with words from the box.

elokuussa	helmikuu	huhtikuussa	kesä	kesäkuussa
marraskuu	~~syksy~~	talvella	tammikuu	toukokuussa

1 Lehdet ovat punaisia, oransseja ja keltaisia. On jo *syksy*.
2 Pääsiäinen on maaliskuussa tai _____.
3 _____ on vuoden ensimmäinen kuukausi.
4 Yöt ovat pitkiä _____.
5 Suomessa koulut alkavat _____.
6 Vuoden kylmin kuukausi on _____.
7 Suomessa äitienpäivä on keväällä, _____.
8 _____ voi hiihtää ja luistella.
9 Suomen _____ on parhaimmillaan (*at its best*) heinäkuussa.
10 Vuoden pimein ja masentavin kuukausi on _____.

G Choose a suitable weather word.

1 a Huomenna   b Odotettavissa   c Tavattavissa iltaan asti.
2 Lapissa tulee räntä- tai   a aurinkoa   b tuulenpuuskia   c lumikuuroja.
3 a Sadealue   b Poutaista   c Kylmenee liikkuu Suomen yli itään.
4 a Aurinko   b Myrskyisässä   c Pilvisyys on vielä runsasta.
5 Viikonloppua vietetään   a pakkasessa   b poutaisessa   c puuskaista säässä.
6 Lauantaina voidaan päästä   a hellelukemiin   b korkeapaine   c säärintamaan.
7 Sää on   a epävakaista   b valoisaa   c pakkasennätys pohjoisessa.
8 Talven   a tuulensuunta   b matalapaine   c pakkasennätys on mennyt rikki
   Utsjoen mittausasemalla

H Practise the points of compass by completing the table.

pohjoinen	
	east
etelä	
	west
koillinen	
	south-east
lounas	
	north-west

Reading

I Read the following weather forecast and decide whether the statements below are true (*oikein*) or false (*väärin*).

SÄÄ: 23. MAALISKUUTA

Torstaina sää hieman viilenee, kun kuivaa ja kylmää ilmaa virtaa koillisesta koko maahan. Sää on monin paikoin aurinkoista. Etelässä sisämaassa voi tulla päivällä lumikuuroja.

Perjantaiyönä ja lauantaina lumi- ja räntäsadealue liikkuu maan etelä- ja keskiosan yli koilliseen. Lännessä ja pohjoisessa sää on selkeää. Muualla maassa pilvisyys on melko runsasta.

Sunnuntaiksi uusi sadealue leviää lännestä ja liikkuu Suomen yli itään. Länsituuli on voimakasta koko maassa. Seuraavaksi viikoksi on odotettavissa korkeapainetta ja aurinkoista säätä.

		oikein	väärin
1	Sää on viileämpi torstaina.		
2	Perjantaiyönä sataa lunta tai räntää.		
3	Idässä on selkeää perjantaina.		
4	Sunnuntaina tuulee kovaa lännestä.		
5	Ensi viikolla on aurinkoista.		

J   Now read the personal description of the seasons in Finland and answer the question.

Mikä on kirjoittajan lempivuodenaika?

_____

Suomessa on neljä vuodenaikaa. Lempivuodenaikani on kesä. Silloin on kaunista ja valoisaa. Minulla on aina hauskaa kesällä. On kuuma, me käymme uimassa ja nautimme. Syksyllä illat pimenevät. Minua inhottaa istua sisällä, kun sataa. Minun tekee aina mieli varata matka ulkomaille ja lähteä aurinkoon. Minun on ikävä hellepäiviä ja ulkona grillaamista. Marraskuussa on erityisen ankeaa ja harmaata. Onneksi kahvi piristää ja sitä juomalla jaksaa käydä töissä. Talvi on ihan kiva vuodenaika. Minua kiinnostavat talviurheilulajit. En kylläkään käy usein laskettelemassa, koska minua alkaa aina paleltaa, kun odotan hissiä. Minua myös pelottaa laskea mäkeä alas, jos se on jäinen. Jouluna on ihanaa istua sisällä, leipoa ja suunnitella lahjoja. Kaikkia harmittaa tietysti, jos jouluna ei sada lunta. Keväällä aurinko alkaa paistaa taas ja lumi sulaa. Likaiset kadut ja pellot ärsyttävät minua. Toukokuussa ilmat ovat usein kauniit ja kesä alkaa taas.

K   Now answer the comprehension questions based on the text.

1   Miltä kirjoittajasta tuntuu, kun on syksy ja sataa?

_____

2   Mitä hänellä on ikävä syksyllä?

_____

3   Mikä piristää marraskuussa?

_____

4   Mikä kirjoittaa kiinnostaa?

_____

5   Milloin kaikkia harmittaa?

_____

6   Mikä ärsyttää kirjoittajaa keväällä?

_____

Writing

L   Describe the weather in different times of the year in your own country or area. Write how you feel about the weather and the conditions. Use the text above as a model. Write about 80–100 words.

_____

_____

_____

_____

_____

_____

_____

_____

_____

_____

Self-check

Tick the box which matches your level of confidence.

1 = very confident   2 = need more practice   3 = not confident

Valitse taulukosta ruutu, joka vastaa taitojasi.

1 = osaan hyvin   2 = tarvitsen lisää harjoitusta   3 = en osaa vielä

	1	2	3
Form subjectless clauses.			
Form experiencer clauses to talk about feelings.			
Use vocabulary about months, seasons and points of compass.			
Can read a detailed personal description about the weather and the seasons in Finland. (CEFR B1)			
Can write an essay about the weather and the season in a place, referring to feelings. (CEFR B1)			

7 Nautin meditaatiosta ja hiljaa olemisesta

I enjoy meditation and being quiet

In this unit you will learn how to:

✓ Use the massa/mässä, masta/mästä and maan/mään forms.

✓ Use the verbal noun.

✓ Recognize some common word-building (derivative) suffixes.

✓ Use vocabulary for hobbies.

CEFR: Can read detailed descriptions of hobbies (CEFR B1); Can write a detailed connected text about a favourite hobby (CEFR B1).

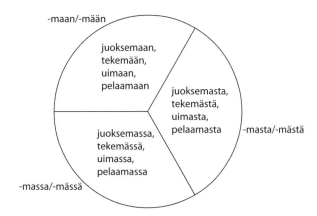

-maan/-mään

juoksemaan, tekemään, uimaan, pelaamaan

juoksemasta, tekemästä, uimasta, pelaamasta

-masta/-mästä

juoksemassa, tekemässä, uimassa, pelaamassa

-massa/-mässä

Meaning and usage

Use of the mä-infinitive

1 Finnish has many non-finite verb forms, that is verb forms that don't take person suffixes. For example, **asua** (*to live*), **asuessa** (*while living*). The **ma/mä**-infinitive is typically used to combine verbs of movement (e.g. **mennä** (*to go*), **tulla** (*to come*)) with other verbs or to express ongoing activities with stative verbs (e.g. **olla** (*to be*), **istua** (*to sit*)). Look at the example sentences that contain **ma/mä**-infinitives, i.e. the so-called third infinitive.

Me olemme kahvilassa juttelemassa.	(*We're in a café chatting.*)
Hän seisoi luokan edessä kertomassa tapahtumasta.	(*He was standing in front of the class talking about the event.*)
Käyn nopeasti pesemässä tukan.	(*I'll go and wash my hair quickly.*)

Joona tuli juuri kaupasta hakemasta maitoa.	(*Joona just came back from the shop where he got some milk* (literally: *from getting*) *some milk.*)
Ministeri palaa Brysselistä neuvottelemasta keskiviikkona.	(*The minister will return from Brussels where he was negotiating* (literally: *from negotiating*) *on Wednesday.*)
Löysin koiran keittiöstä syömästä roskia.	(*I found the dog in the kitchen eating rubbish.*)
Menen viikonloppuna mökille lepäämään.	(*I'm going to the summer house at the weekend to rest.*)
Olen menossa pelaamaan pesäpalloa.	(*I'm on my way to play baseball.*)
Lähdetkö mukaan katsomaan revontulia?	(*Are you coming along to watch northern lights?*)
Voitko laittaa lapset nukkumaan?	(*Can you put the kids to bed* (literally: *to sleep*)?)

Pesäpallo *is a Finnish version of baseball. It was invented by Lauri 'Tahko' Pihkala in the 1920s. One team plays offensively, batting and running between bases and trying to score points. The other team plays defensively, pitching and trying to 'burn', i.e. put out, the offensive players. The ball is pitched vertically. The game is very popular in the summer and in schools. There is a national* **pesäpallo** *league in Finland.*

A Complete with the correct ma/mä-form of the verbs in brackets.

1 Haluaisin matkustaa Suomeen <u>tapaamaan</u> isovanhempiani.
2 Lapset eivät ole vielä _____ (nukkua).
3 Vietkö mummon _____ (ulkoilla)?
4 Menittekö kylpylään _____ (rentoutua) viikonloppuna?
5 Etkö haluaisi lähteä kaupungille _____ (shopata)?
6 Isäntä tuli ulkoa _____ (tehdä) töitä.
7 Johtaja oli juuri _____ (lähteä) töistä, kun puhelin soi.

2 As you can see, the form ending in **-massa/-mässä** is used with stative verbs, such as **olla** (*to be*) and **seisoa** (*to stand*), but also with the verb **käydä** (*to go* (*and come back*)) that takes stative endings **-lla/-llä** and **-ssa/-ssä** anyway.

3 The form **-masta/-mästä** is used with verbs that have to do with returning and coming back, e.g. **palata** (*to return*), **tulla** (*to come*). It is also used with verbs that have to do with finding, e.g. **löytää** (*to find*), **yllättää** (*to surprise* (*someone doing something*))).

4 The form ending in **-maan/-mään** is used with verbs of motion, such as **mennä** (*to go*) and **lähteä** (*to leave*). It is also used with verbs of putting, placing and taking, e.g. **laittaa** (*to place, to put*), as these are also movements.

How to form the ma/mä-forms

1   The **ma/mä**-suffixes are attached to a third-person plural stem, that is the **he** (they) form without the ending -**vat/-vät**. They will always be in the strong grade for this reason. For example, **lukea** (to read) → **lukevat** (they read) → **luke-** → **lukemassa, lukemasta, lukemaan**; **tavata** (to meet) → **tapaavat** (they meet) → **tapaa-** → **tapaamassa, tapaamasta, tapaamaan**.

2   Note that three verbs have short forms that are used instead of -**massa/-mässä**, namely **menossa, tulossa** and **lähdössä** from the verbs **mennä** (to go), **tulla** (to come) and **lähteä** (to leave), respectively.

Sirpa on menossa kauppaan. Tarvitsetko jotakin?	(Sirpa is on her way to the shop. Do you need anything?)
Olen jo tulossa, mutta saatan olla pari minuuttia myöhässä.	(I'm already on my way (there) but I may be a few minutes late.)
Olimme juuri lähdössä lenkille.	(We were just about to leave for a jog.)

B   Complete the sentences with suitable activities from the box in the correct ma/mä-form.

juosta maratoni	kalastaa	lukea lehteä	vaeltaa	pelata tennistä
poimia marjoja	shopata	tanssia	~~tehdä ruokaa~~	

1   Äiti on keittiössä <u>tekemässä ruokaa</u>.
2   He istuvat penkillä _____.
3   Ritva tulee järveltä _____.
4   Matias saapui juuri Helsingistä _____.
5   Menettekö klubille _____?
6   Oletteko tekin menossa Lappiin _____?
7   Lähden tästä keskustaan _____.
8   Ari meni taas urheiluhalliin _____.

Meaning and usage

Use of the verbal noun

1   Verbal nouns are used like the English '-ing'.

The verbal noun ends in -**minen**. It is used like any noun as follows.

Matkustaminen on hauskaa.	(Reading is fun.)
Rakastan lukemista.	(I love reading.)
Oletko sinä kiinnostunut kuorossa laulamisesta?	(Are you interested in reading?)
Käytin kaikki rahani matkustamiseen.	(I spent all my money on travelling.)

How to form the verbal noun

1 The verbal noun is formed by adding -**minen** to the third-person plural stem, for example **kuunnella** (*to listen*) > **kuuntelevat** (*they listen*) > **kuuntele-** > **kuunteleminen** (*listening*); **juosta** (*to run*) > **juoksevat** (*they run*) > **juokseminen** (*running*). The **minen**-form has a partitive in -**mista**/-**mistä** and an inflectional stem in -**mise**- like any other **nen**-word, e.g. **lukemista** (*reading* (*partitive*)), **lukemisesta** (*about/of/in reading*).

2 Word order changes when a verbal noun is used: expressions of time and place (**teatterissa** (*in the theatre*), **aikaisin** (*early*) are moved before the verbal noun).

Käymme usein teatterissa.	(*We often go to the theatre.*)
Rakastan teatterissa käymistä.	(*I love going to the theatre.*)
Minusta on kiva herätä aikaisin.	(*I think it's nice to wake up early.*)
Nautin aikaisin heräämisestä.	(*I enjoy waking up early.*)

3 Objects are also moved before the verbal noun. Objects are always in the genitive (**pianon**, **ikkunoiden**) with verbal nouns.

Jenni ei soita pianoa.	(*Jenni doesn't play the piano.*)
Jenni ei ole kiinnostunut pianon soittamisesta.	(*Jenni is not interested in playing the piano* (literally: *the playing of piano*).)
Pesen ikkunat viikonloppuna.	(*I'll wash the windows at the weekend.*)
Pidän ikkunoiden pesemisestä.	(*I like washing the windows* (literally: *the washing of windows*).)

4 If the verbal noun is a subject, the adjective describing it after the verb **olla** (*to be*) is in the partitive (**hauskaa** (*fun*), **tylsää** (*boring*)).

Marjojen poiminen on hauskaa.	(*Picking berries is fun.*)
Minusta siivoaminen on todella tylsää.	(*In my opinion, cleaning is really boring.*)

C Change the following phrases into verbal nouns.

1 asua maalla *maalla asuminen*
2 matkustaa yksin _____
3 soittaa kitaraa _____
4 käydä lenkillä _____
5 opiskella kieliä _____
6 kuunnella musiikkia _____
7 pelata koripalloa _____
8 harrastaa joogaa _____

D Choose the correct form of the verbal noun.

1 Harrastan **a** maalaamista **b** maalaamisen **c** maalaamisesta.
2 Kissat rakastavat **a** nukkumisesta **b** nukkumista **c** nukkumiseen.
3 Me olemme kiinnostuneita **a** jääkiekon pelaamisesta **b** jääkiekon pelaamiseen **c** jääkiekon pelaamista.
4 Ennen **a** juoksemista **b** juoksemisen **c** juokseminen on hyvä venytellä.

5 Aloitin 10-vuotiaana   **a** rumpujen soittaminen   **b** rumpujen soittamista
c rumpujen soittamisen.

6 Pidätkö sinä myös   **a** leipomista   **b** leipomisen   **c** leipomisesta?

7 Nautin todella paljon   **a** saunassa käymisestä   **b** saunassa käymistä
c saunassa käyminen.

8 **a** Kuorossa laulamista   **b** Kuorossa laulamiset   **c** Kuorossa laulaminen on niin
hauskaa.

Meaning and usage

Common derivative suffixes

1 Finnish has a large number of derivative suffixes. Derivative suffixes are used to make new
words out of existing words. Here are some of the most commonly occurring ones.

	Derivative suffix	Function of the suffix	Example words
1	-nti or -nta/-ntä	makes a noun out of a verb	**myydä** (*to sell*) - **myynti** (*sales*), **toimia** (*to act*) - **toiminta** (*action*), **viedä** (*to take (something somewhere)*) - **vienti** (*export*)
2	-in	instrument	**avata** (*to open*) - **avain** (*key*)
3	-os/-ös	result	**kääntää** (*to translate*) - **käännös** (*translation*)
4	-mus/-mys	result	**kysyä** (*to ask*) - **kysymys** (*question*)
5	-u/-y	activity, makes a noun out of a verb	**juosta** (*to run*) - **juoksu** (*running*)
6	-ja/-jä	agent noun, someone who does something	**opettaa** (*to teach*) - **opettaja** (*teacher*)
7	-mo/-mö	place	**korjata** (*to repair, to fix*) - **korjaamo** (*garage, repair shop*)
8	-sto/-stö	collection	**kirja** (*book*) - **kirjasto** (*library*)
9	-(u)us/-(y)ys	abstract noun	**kaunis** (*beautiful*) - **kauneus** (*beauty*)
10	-la/-lä	place	**sairas** (*sick*) - **sairaala** (*hospital*)
11	-lainen/-läinen	person	**Englanti** (*England*) - **englantilainen** (*English*)
12	-kas/-käs	quality	**väri** (*colour*) - **värikäs** (*colourful*)
13	-hko/-hkö	moderative, quite, -ish	**suuri** (*big, large*) - **suurehko** (*quite big, biggish*)
14	-inen	quality	**lika** (*dirt*) - **likainen** (*dirty*)

E Use the suffixes above to build new words. As derivation (word building) is not as regular as
grammar, you may also use a dictionary to look up the words. Use the suffixes in the same
order as above. The English translations have been provided for you.

1 **tuoda** (*to bring*) – _____ (*import*), **kysyä** (*to ask*) – _____ (*demand*)

2 **istua** (*to sit*) – _____ (*seat*), **paahtaa** (*to toast*) – _____ (*toaster*)

3 **päättää** (*to decide*) – _____ (*decision*), **leipoa** (*to bake*) – _____ (*pastry*)

4 **sopia** (*to agree*) – _____ (*contract, agreement*), **pettyä** (*to be disappointed*) – _____ (*disappointment*)

5 **soutaa** (*to row*) – _____ (*rowing*), **pyöräillä** (*to cycle*) – _____ (*cycling*)

6 **urheilla** (*to do sport*) – _____ (*sport*), **hiihtää** (*to ski*) – _____ (*skiing*)

7 **kammata** (*to comb*) – _____ (*hairdresser's*), **ohjata** (*to direct, to guide*) – _____ (*cockpit*)

8 **hinta** (*price*) – _____ (*price list*), **kuva** (*picture*) – _____ (*catalogue*)

9 **terve** (*healthy*) – _____ (*health*), **kirjallinen** (*literary*) – _____ (*literature*)

10 **kahvi** (*coffee*) – _____ (*café*), **kylpy** (*bath*) – _____ (*spa*)

11 **koulu** (*school*) – _____ (*school kid*), **kansa** (*people, folk*) – _____ (*citizen*)

12 **voima** (*power*) – _____ (*powerful*), **ikä** (*age*) – _____ (*elderly*)

13 **lyhyt** (*short*) – _____ (*rather short*), **matala** (*low*) – _____ (*lowish, rather low*)

14 **mäki** (*hill*) – _____ (*hilly*), **ilo** (*joy*) – _____ (*joyful*)

*For extra practice, underline the words in the reading text (exercise **H**) that contain the derivative suffixes listed above.*

Vocabulary

F   Hobbies. Find the odd one out.

1   maila - kitara - viulu - rummut

2   purjehdus - uinti - ratsastus - veneily

3   nauraa - soittaa - kerätä - pelata

4   koripallo - lentopallo - uinti - jalkapallo

5   ruoanlaitto - valokuvaus - siivous - suunnistus

6   kuoro - teatteri - konsertti - bändi

7   neuloa - virkata - kaivaa - ommella

8   kalastus - rusketus - metsästys - sienestys

G   Combine the beginnings and ends of the sentences.

1   Minusta on niin kiva laulaa   a   kuntosalilla.

2   Kaisa on alkanut neuloa   b   metsässä.

3   Sinäkin siis käyt kolme kertaa viikossa   c   vuorilla.

4   Ennen monet ihmiset keräsivät   d   kuorossa.

5   Lomalla me patikoimme   e   sukkia ja villapaitoja.

6   Minun tuttu bongaa myös   f   postimerkkejä.

7   Meidät pojat ovat   g   partiossa.

8   Jotkut kiipeilevät   h   lintuja.

# Reading

H Read the following text about hobbies and answer the question below.

Mitkä kolme harrastusta kirjoittajalla on?

_____

> **Harrastukseni**
>
> Minulla on kolme harrastusta: joogassa käyminen, valokuvaus ja koripallon pelaaminen. Käyn joogassa kaksi tai kolme kertaa viikossa. Suosikkini ovat fyysisesti vaativa astangajooga ja kuuma jooga. Kuuma jooga on kuin saunan ja joogan yhdistelmä. Se on todella rentouttavaa. Nautin meditaatiosta ja hiljaa olemisesta, ja siitä että lihakseni vahvistuvat. Joogaan tarvitaan vain matto ja mukavat joogavaatteet. Jooga on hyvä harrastus myös siksi, että sitä voi harrastaa matkoilla hotelleissa tai joogaretriiteissä.

I Now answer the comprehension questions based on the text.

1 Mitä hän sanoo kuumasta joogasta?

_____

2 Mistä hän nauttii joogassa?

_____

3 Mitä joogaan tarvitaan?

_____

4 Missä paikoissa hän harrastaa joogaa matkoilla ollessaan?

_____

J Now read the rest of the text and determine whether the statements below are true (*oikein*) or false (*väärin*).

> Rakastan valokuvausta. Sekin on kätevä ja helppo harrastus ja luovaa toimintaa. Otan aina kameran tai ainakin älypuhelimen mukaan, kun menen luontoon liikkumaan tai kun tutustun uusiin paikkoihin. Kamera kannattaa pakata niin, että se on helppo ottaa esille, kun näkee jotain mielenkiintoista tai kaunista. Kuvaan yleensä luontoa, siis eläimiä tai kasvistoa. Viime aikoina olen innostunut todella paljon muotokuvista. Olen ottanut kuvia kavereista ja perheenjäsenistä. Otan kuvia vanhan ajan valokuvaamon tyylillä, eli kuvattavat poseeraavat hienot vaatteet päällä.
>
> Käyn pelaamassa koripalloa kaksi kertaa viikossa. Meillä on treenit tiistai-iltaisin ja lauantai-iltapäivisin. En ole hyvä koripallossa enkä edes kovin pitkä, mutta olen innokas ja hyvä heittämään koreja. Joskus meillä on matsi jotakin toista paikallista joukkuetta vastaan. Voitamme noin puolet ajasta. Parasta koripallossa on seura ja tiimissä pelaaminen, mikä on mukavaa vaihtelua joogasta ja valokuvauksesta, joita harrastan yksin.

	oikein	väärin
1 Kirjoittaja ottaa kuvia vain älypuhelimella.		
2 Hän otti ennen muotokuvia.		
3 Hän käy koripallotreeneissä viikonloppuisinkin.		

	oikein	väärin
4 Hän on taitava heittämään koreja.		
5 Heidän joukkueensa voittaa aina koripallomatsit.		
6 Parasta koripallossa on yhdessä oleminen ja pelaaminen.		

Writing

K Write about your favourite hobby to someone who would like to try it out. Write about where you do it, how often and with whom. Write about the equipment that is needed and also the benefits of the hobby. Write whether you are good or bad at it. Follow the model provided by the reading task. Write about 80–100 words.

_____

_____

_____

_____

_____

_____

_____

_____

_____

_____

Self-check

Tick the box which matches your level of confidence.

1 = very confident   2 = need more practice   3 = not confident

Valitse taulukosta ruutu, joka vastaa taitojasi.

1 = osaan hyvin   2 = tarvitsen lisää harjoitusta   3 = en osaa vielä

	1	2	3
Use the massa/mässä, masta/mästä and maan/mään forms.			
Use the verbal noun.			
Recognize some common word-building (derivative) suffixes.			
Use vocabulary for hobbies.			
Can read descriptions of hobbies. (CEFR B1)			
Can write a detailed connected text about a favourite hobby. (CEFR B1)			

8 Sinun pitäisi syödä terveellisemmin ja liikkua enemmän

You should eat more healthily and do more exercise

In this unit you will learn how to:

✓ Use the genitive singular and plural.

✓ Form necessive clauses.

✓ Use time expressions.

✓ Change the forms of numbers.

CEFR: Can read a friend's email about her health and well-being (CEFR B1); Can give health and exercise advice to a friend (CEFR B1).

Meaning and usage

The use of the genitive

1   The genitive is used in three ways. First of all, it expresses possession.

Pekan joukkue pääsi finaaliin.	(*Pekka's team got to the final.*)
Minun kuntosali muutti aukioloaikoja.	(*My gym changed their opening times.*)
Marjojen poiminen on raskasta selälle.	(*Picking berries* (literally: *the picking of berries*) *is tough on the back.*)

2   Secondly, the genitive is used with most postpositions.

Urheiluhalli on **terveyskeskuksen** takana.	(*The sports hall is behind the health centre.*)
En päässyt tulemaan **flunssan** takia.	(*I wasn't able to come because of a flu.*)

3 Thirdly it is the form of the logical subject in so-called necessive clauses, i.e. clauses that mean *have to*.

Meidän täytyisi liikkua enemmän.   (*We should do more exercise.*)

Ei Emman tarvitse laihduttaa.   (*Emma doesn't need to lose weight.*)

How to form the genitive singular

1 The genitive suffix is **-n** in the singular. This **-n** is attached to the inflectional stem of a noun, e.g. **väsynyt mies** (*a tired man*), **väsynee-n miehe-n nimi** (*the tired man's name*).

A Write the genitive singular forms of the nouns in brackets.

1   työkaverin (työkaveri) syntymäpäivä
2 _____ (terve nainen) rasvaprosentti
3 _____ (lapsi) hampaat
4 _____ (uusi potilas) huone
5 _____ (terveyskeskus) vastaanotto
6 _____ (lyhyt matka) juoksija
7 _____ (rasvaton maito) hinta
8 _____ (kipeä selkä) hoito

How to form the genitive plural

1 The genitive plural is formed as follows.

Ending -*en*

If the plural stem ends in one vowel, the plural **-i-**, only **-en** is added to form the genitive plural form.

Noun	Plural stem	Genitive plural
nainen (*woman*)	naisi-	naisi-en
vuosi (*year*)	vuosi-	vuosi-en
treeni (*training, practice*)	treenei- (but with the genitive plural treeni-)	treeni-en

Ending -*den*/-*tten*

When the plural stems ends in two vowels, the genitive plural is **-den/-tten**. These two endings are interchangeable, although **-den** is used more in the written language and **-tten** tends to be used more in the spoken language.

Noun	Plural stem	Genitive plural
potilas (*patient (in hospital)*)	potilai-	potilai-den/potilai-tten
urheilija (*athlete*)	urheilijoi-	urheilijoi-den/urhelijoi-tten

Ending -j-en

Words with two syllables and a rounded vowel in the plural stem end in **-j-en** in the genitive plural. The plural **-i-** from the end of the stem has turned into **-j-** in the genitive plural form.

Noun	Plural stem	Genitive plural
pallo (*ball*)	palloi-	palloj-en
kirja (*book*)	kirjoi-	kirjoj-en

Ending -ten

Words that end in a consonant in the partitive singular and have a partitive singular ending **ta/-tä** have an alternative partitive plural in **ten**. The ending **-ten** replaces the partitive **ta/-tä**.

Noun	Partitive singular	Genitive plural	Alternative genitive plural
nainen (*woman*)	nais-ta	nais-ten	naisi-en
avain (*key*)	avain-ta	avain-ten	avaimi-en
suomalainen (*Finn*)	suomalais-ta	suomalais-ten	suomalaisi-en

B Complete with words from the box.

> energinen joogaopettaja   juoksumatka   kallis ruoka   ~~lapsi~~
> silmä   suuri tehdas   urheilija   vitamiinipilleri

1 <u>lasten/lapsien</u> lelut
2 _____ väri
3 _____ vaikutus (*effect*)
4 _____ maku
5 _____ sponsorit
6 _____ johtajat
7 _____ pituus
8 _____ tunnit (*lessons*)

C Complete the postpositional phrases of sentences with the words from the box. The words are already in the genitive case.

> aseman   Helsingin   järven   kahden kulttuurin
> kavereiden   metsän   opintojen   ~~tunnin~~

1 Kokous alkaa <u>tunnin</u> kuluttua.
2 Eikö se hotelli ole _____ vieressä?
3 Kasvoin _____ välissä.
4 Olisi ihana rakentaa mökki _____ keskelle.

5 Matkustimme _____ kautta Tallinnaan.
6 Yövyitkö _____ luona turnauksen aikana?
7 Juoksin lenkin _____ ympäri.
8 Hän kävi töissä _____ ohella.

Meaning and usage

Genitive forms of personal, demonstrative and question pronouns

1 The genitive forms of personal pronouns and demonstrative pronouns and question words are: **kenen?** (*whose?*); **minun** (*my*); **sinun** (*your, yours (sing.)*); **hänen** (*his, her, hers*); **meidän** (*our, ours*); **teidän** (*your, yours (pl.)*); **heidän** (*their, theirs*); **minkä?** (*of what*); **sen** (*its, of that*); **tämän** (*of this*); **tuon** (*of that over there*).

The genitive forms of pronouns, like the genitive forms of nouns, are used for possession, with postpositions and in necessive (*have to*) clauses. Here are some examples.

Kenen tämä on?	(*Whose is this?*)
Se on minun.	(*It's mine*)
Sen jälkeen aloimme syödä lisää kasviksia.	(*After that, we started to eat more vegetables.*)
Sinun täytyy levätä.	(*You have to rest.*)

*Note that the genitive forms of possessive pronouns are accompanied in written standard Finnish by possessive suffixes, e.g. **kunto-ni** (my fitness), **tavoittee-si** (your (sing.) goal), **hänen kuntosalilllaan** (at his/her gym). Possessive suffixes are discussed in more detail in another unit of this book.*

D Complete with genitive forms of the pronouns in brackets.

1 _Kenen_ (kuka) lenkkarit nämä ovat?
2 _____ (tämä) jälkeen voidaan mennä lenkille.
3 Auto on parkissa _____ (tuo) jalkapallokentän toisella puolen.
4 _____ (minä) osoite on Koulukatu 6.
5 _____ (mikä) väriset hiukset hänellä on?
6 _____ (se) nimi on Musti.
7 _____ (me) täytyy perua lääkäriaika.
8 _____ (sinä) pitäisi urheilla enemmän.

How to form necessive (*have to*) clauses

1 The main verb in necessive clauses usually has to do with obligation.

Meidän pitäisi syödä terveellisemmin.	(*We should eat more healthily.*)
Tänään joukkueen ei tarvitse herätä aikaisin.	(*Today the team don't have to get up early.*)
Jos on stressi, kannattaa alkaa käydä joogassa.	(*If you're stressed it's a good idea to start going to yoga.*)
Potilaiden tulee ilmoittautua vastaanottoon.	(*Patients have to register at the reception.*)

2 The subject in these sentences is in the genitive. The verb itself is in the third-person singular (**täytyy** (*have to*), **pitää** (*have to*), **pitäisi** (*should*), **on pakko** (*must*), **ei tarvitse** (*doesn't have to*), **kannattaa** (*is worth it, is a good idea, pays off*) and is followed by an infinitive. In more formal language **tulee** (*have to*) and **on -tava/-tävä**, e.g. **on tehtävä** (*has to be done, are used*). The subject may also be left out, e.g. **täytyy nousta** (*one/you/we have to get up*).

3 Also note that instead of the accusative singular in -**n** the nominative is used in necessive clauses.

Varaan ajan lääkärille.	(*I'll make an appointment with the doctor.*)
Minun täytyy varata aika lääkärille.	(*I have to make an appointment with the doctor.*)

4 All other objects are still possible; for example, the partitive is used in negative necessive clauses, with partitive verbs or when the object is a mass noun.

Minun ei tarvitse varata aikaa lääkärille.	(*I don't have to make an appointment with the doctor.*)
Kaikkien pitäisi opiskella suomea.	(*Everyone should study Finnish.*)
Ennen maratonia meidän täytyy syödä pastaa.	(*We have to eat pasta before the marathon.*)

E Change the following sentences into necessive clauses, based on the examples above.

1 Te voitatte kilpailun. > *Teidän täytyy voittaa kilpailu.*
2 Juoksija venyttelee. > _____
3 Kirurgi leikkaa sydämen. > _____
4 Urheilija juoksee koko matkan. > _____
5 Stressaantunut opiskelija lepää. > _____
6 Talvella me syömme D-vitamiinia. > _____
7 Ihmiset istuvat koko päivän. > _____
8 Jenni ostaa nyrkkeilyhanskat. > _____

Meaning and usage

Different forms of numbers

1   Numbers change their forms in Finnish. For example, partitive verbs would take their object in the partitive.

Harrastan <u>kahta</u> taistelulajia. (*I train in two martial arts.*)

2   The head noun has to take the illative, **maahan** (*to a country*), and the number behaves like an adjective and agrees with the head noun. Compare: **Suomi ja Ruotsi ovat kaksi maata** (*Finland and Sweden are two countries*).

Menemme <u>viiteen</u> otteluun. (*We will go to five matches.*)

3   You will need to change the forms of numbers when using the ending **-lta/-ltä** (*at*); **-sta/-stä** (*from*) and **-Vn** (*to*) are also endings that are attached to the stem. The preposition **ennen** (*before*) takes the partitive and the postposition **jälkeen** (*after*) takes the genitive.

Tavataan <u>yhdeltä</u>! (*See you at one o'clock!*)
Mailis on töissä <u>kuudesta</u> <u>kahdeksaan</u>. (*Mailis is working from six to eight.*)
En ehdi hakea sinua ennen <u>seitsemää</u>. (*I won't be able to pick you up before seven.*)
Mennään kävelylle <u>neljän</u> jälkeen. (*Let's go for a walk after four o'clock.*)

4   Words that are always in the plural and form a pair (e.g. **kengät** (*shoes*), **silmälasit** (*glasses*), **häät** (*wedding*), **olympialaiset** (*Olympics*)) take their number in the plural. Compare: **kolme kenkää** (*three shoes*), **kolmet kengät** (*three pairs of shoes*).

Monetko kengät otit mukaan? (*How many pairs of shoes did you take with you?*)
<u>Kolmet</u>. (*Three.*)
Viime kesänä olin <u>kaksissa</u> häissä. (*I went to two weddings last year.*)

Ordinals are formed by adding -s to the stem of numbers, e.g. **viisi** *(five)* > **viides** *(fifth),* **kaksikymmentäkuusi** *(twenty-six)* > **kahdeskymmeneskuudes** *(twenty-sixth).* **Ensimmäinen** *(first),* **toinen** *(second) and* **kolmas** *(third) are irregular.*

Forms of numbers

1   The stems of the numbers are as follows:

Nom	yksi	kolme	viisi	seitsemän	kymmenen	yksitoista	sata	tuhat
Part	yhtä	kolmea	viittä	seitsemää	kymmentä	yhtätoista	sataa	tuhatta
Sing. stem	yhde-	kolme-	viide-	seitsemä-	kymmene-	yhde-toista	sada-	tuhanne-
Pl. stem	yksi-	kolmi-	viisi-	seitsemi-	kymmeni-	yksi-toista	sadoi-	tuhansi-

2 **Kaksi** behaves like **yksi**. **Neljä** behaves like **kolme**. **Kuusi** behaves like **viisi**. **Kahdeksan** and **yhdeksän** behave like **seitsemän**. The **toista** part in numbers 11–19 does not change. The first part changes as described. Every part of larger numbers changes: **olen käynyt kahdessakymmenessäkuudessa maassa** (*I've been to twenty-six countries*).

F **Complete with the correct forms of the numbers.**

1 Pidän _kahdesta_ (2) urheilulajista.
2 Mirja treenaa _____ (3) ystävän kanssa.
3 Tuletko kuntosalille _____ (5) aikoihin?
4 En jaksanut nousta ennen _____ (8).
5 Nukuin aikaeroväsymyksen takia _____ (11:00–5:00)
6 _____ (100) suomalaiset ovat sairastuneet flunssan.
7 Minulla oli lomalla mukana vain _____ (2) housut.
8 Urheilija osallistui _____ (3) kisoihin viime vuonna.

3 It is also worth knowing the following time expressions. Duration of time expressed with the accusative when it is a full unit (**tunnin** (*for an hour*), **viikon** (*for a week*)) and with number + the partitive otherwise (**viisi tuntia** (*for five hours*), **kaksi viikkoa** (*for two weeks*)). This applies to stative situations where the verb involves no movement.

Risto pelasi jääkiekkoa Suomessa vuoden. (*Risto played ice-hockey for a year.*)
Olen ollut kipeä kaksi viikkoa. (*I have been ill for two weeks.*)

4 When the main verb is dynamic the translative suffix -**ksi** is used both on the unit and the number.

Menin Suomeen vuodeksi. (*I went to Finland for a year.*)
Matkustamme Venetsiaan kahdeksi viikoksi. (*We will travel to Venice for two weeks.*)

5 Finally, if something has not happened for a specific period of time the illative -**Vn**, -**hVn**, -**seen** is used both on the unit and the number.

En ole käynyt Suomessa vuoteen. (*I haven't been to Finland for a year.*)
Emme ole syöneet kuuteen tuntiin. (*We haven't eaten for six hours.*)

G **Complete with the time expression.**

1 Kaisa juoksi _tunnin_ (for an hour).
2 En ole käynyt jumpassa _____ (for five weeks).
3 Muutimme Helsinkiin _____ (for a year).
4 He kävivät säännöllisesti pilates-tunneilla _____ (for two years).
5 Olitko ashramissa _____ (for a month)?

Vocabulary

H **Match the Finnish time phrases with the English translations.**

1 vuosi sitten
2 matkan ajan
3 viime vuodesta lähtien
4 ensi viikkoon mennessä
5 joulukuuhun asti
6 viiden kuukauden kuluttua
7 kahden aikaan
8 loman jälkeen

a after the holiday
b until December
c a year ago
d since last year
e by next week
f in five months' time
g throughout the trip
h around two o'clock

I **Complete with the correct words for body parts from the box.**

hammasta	kyynärpäätä	~~nenä~~	nilkka
ranteet	reitensä	varpaita	vatsaan

1 Minulla on kauhea flunssa. On yskä ja _nenä_ vuotaa.
2 Kaaduin ja minulta nyrjähti _____.
3 Opiskelija kirjoitti koneella koko viikonlopun. Nyt hänellä on _____ kipeät.
4 Jos pelaa tennistä paljon, voi _____ särkeä.
5 _____ särkee. Siinä taitaa olla reikä.
6 Juoksija ei voi osallistua kisoihin. Hän on reväyttänyt _____.
7 Uudet kengät puristavat _____.
8 Söin liikaa. Nyt sattuu _____.

📖 Reading

J **Read the following email from a friend who is not feeling very well and answer the question.**

Miksi ystävällä on stressi?

_____

Lähettäjä:	Anna Lahtinen
Vastaanottaja:	Kiva Opiskelija
Aihe:	Hyvät neuvot tarpeen

Hei! Anteeksi, että en ole kirjoittanut moneen viikkoon. Olen voinut huonosti. Töissä on kauhea stressi tämän uuden projektin takia. Me menemme töihin aamuseitsemältä ja pääsemme kotiin vasta kuuden jälkeen. Projekti pitää saada valmiiksi jouluun mennessä. Stressin takia en nuku kovin hyvin ja en ehdi laittaa terveellistä ruokaa. Syön paljon pikaruokaa, karkkia ja sipsiä. En ehdi harrastaa minkäänlaista liikuntaa. Olo on kauhea.

K   Now determine whether the following statements are true (*oikein*) or false (*väärin*), based on the text.

	oikein	väärin
1 Anna ei ole kirjoittanut pariin päivään.		
2 Hän on töissä seitsemästä viiteen.		
3 Projektin pitää olla valmis jouluksi.		
4 Anna syö epäterveellisesti.		
5 Annalla on aikaa käydä kuntosalilla.		

L   Now read the rest of the text and answer the comprehension questions.

Sain syyskuussa hirveän flunssan. Nenä oli ensin tukossa ja sitten se alkoi vuotaa. Yskin ja olin kuumeessakin viikon. Kävin lääkärissä ja sain antibioottikuurin ja kaksi päivää sairaslomaa. Se auttoi hetken, mutta kun palasin töihin, minulla ei ollut yhtään energiaa. Luulen, että olen vähän masentunut. En halua nähdä kavereita. Illalla istun pari tuntia television ääressä ja nukahdan sohvalle. Hartiat ja ranteet ovat kipeät kirjoittamisesta. Vanha selkävaivakin on tullut takaisin. En tiedä, että mitä minun pitäisi tehdä. Osaatko neuvoa? T. Anna

1   Kuinka kauan Anna oli kuumeessa?

_____

2   Mitä lääkäri määräsi?

_____

3   Miltä Annasta tuntuu?

_____

4   Mitä Anna tekee illalla?

_____

5   Miksi Annan hartiat ja ranteet ovat kipeät?

_____

# Writing

M Write a reply to the email above. Give your friend advice on how to feel better. Use the necessive construction. You could suggest a new sport, hobby, a diet and a flu remedy to her. Write about 80–100 words. There is a model answer in the answer key.

_____

_____

_____

_____

_____

_____

_____

_____

_____

_____

Self-check

Tick the box which matches your level of confidence.

1 = very confident   2 = need more practice   3 = not confident

Valitse taulukosta ruutu, joka vastaa taitojasi.

1 = osaan hyvin   2 = tarvitsen lisää harjoitusta   3 = en osaa vielä

	1	2	3
Use the genitive singular and plural.			
Form necessive clauses.			
Use time expressions.			
Change the forms of numbers.			
Can read a friend's email about her health and well-being. (CEFR B1)			
Can give health and exercise advice to a friend. (CEFR B1)			

9 Hyvä merkki kohtuuhintaan

A good brand at a reasonable price

In this unit you will learn how to:

✓ Use the endings -lle and -lta/ltä.

✓ Use personal, demonstrative and relative pronouns.

✓ Use shopping vocabulary.

CEFR: Can read detailed adverts and reviews of house appliances (CEFR B1); Can write a review of a house appliance (CEFR B1).

Clothing	Appliances
hame	imuri
solmio	kaiuttimet
housut	kahvinkeitin
lenkkarit	leivänpaahdin
takki	sähköhammasharja
pipo	tuuletin
saappaat	
huivi	

Meaning and usage

Additional uses for the external local cases -lle and -lta/-ltä

1 The ending -lle (*onto, for*) is used when giving things or information to a person.

Annoin kukkia äidille.	(*I gave flowers to Mum.*)
Kirjoitatko usein Liisalle?	(*Do you often write to Liisa?*)
Suosittelen kirjaa opiskelijoille.	(*I'm recommending the book to students.*)

2 The ending -lta/-ltä is used when receiving things or information from a person.

Saimme naapureilta kutsun grillijuhliin.	(*We got an invitation to a barbecue from the neighbours.*)
Lainasin vaelluskenkiä Erkiltä.	(*I borrowed hiking boots from Erkki.*)
Pyysin myyjältä kuitin.	(*I asked for a receipt from the sales assistant.*)

3 The endings are attached to the stems of the nouns.

A Form sentences with the words provided.

1 minä - antaa - eilen - lahja - sisko > *Minä annoin eilen lahjan siskolle.*
2 sinä - sanoa - aina - "hei" - naapuri > _____
3 minä - kysyä - usein - neuvo - pomo > _____
4 Kaisa - lainata (neg.) - hame - ystävä > _____
5 me - lähettää - viime viikko - kirje - mummo > _____
6 he - ostaa - poika - uusi paita > _____
7 Leena - vastata - asiakas - heti > _____
8 Risto - esitellä - tyttöystävä - vanhemmat - huomenna > _____
9 minä - saada - yllätys - mies - eilen - aamu > _____

Personal pronouns and **kuka?** (*who?*)

4 Finnish personal pronouns have all the same forms as nouns. The forms are used as follows. The order of the examples is the same as the order of the pronouns given.

Hän on ostoskeskuksessa.	(*He/she is at the shopping centre.*)
Odotan teitä kodinkoneliikkeessä.	(*I'll wait for you at the home-appliance store.*)
Tämä huivi taitaa olla sinun.	(*This scarf is probably yours.*)
Näin hänet kaupungilla.	(*I saw him/her in town.*)
Tutustuin heihin Suomessa.	(*I got to know them in Finland.*)
Minussa ei ole mitään vikaa.	(*There's nothing wrong with me.*)
Minusta tämä on liian kallis.	(*I think this is too expensive.*)
Lainasin hänelle imuria.	(*I lent him/her the vacuum cleaner.*)
Meillä on kolme lasta.	(*We have three children.*)
Ostin teille uudet kumisaappaat.	(*I bought you (pl.) new wellington boots.*)

5 The question word **kuka?** (*who?*) has the same forms. Here are a few examples.

Kenen nämä käsineet ovat?	(*Whose are these gloves?*)
Kenestä pidät eniten?	(*Whom do you like the most?*)
Keneltä saitte tämän vaasin?	(*Who did you get this vase from?*)

B Complete the table with the missing forms of the personal pronouns or question word pronoun.

Nominative	minä	sinä	hän	me	te	he	kuka?
Partitive	minua		häntä	meitä	teitä	heitä	ketä?
Genitive	minun	sinun	hänen		teidän	heidän	
Accusative		sinut	hänet	meidät	teidät	heidät	kenet?
Illative	minuun	sinuun		meihin	teihin	heihin	keneen?
Inessive	minussa	sinussa	hänessä	meissä		heissä	
Elative	minusta	sinusta		meistä	teistä		kenestä?

Allative			hänelle	meille	teille	heille	
Adessive	minulla	sinulla	hänellä		teillä	heillä	kenellä?
Ablative	minulta	sinulta		meiltä	teiltä	heiltä	keneltä?

C   Use the correct forms of the pronouns in brackets.

1   Näin sinut (sinä) kassajonossa.
2   Soita _____ (me), ennen kuin lähdet kotoa.
3   Rakastuin _____ (hän) heti.
4   Etsimme _____ (he) kaikkialta.
5   Pidän _____ (sinä) paljon.
6   Maija pyysi _____ (minä) apua.
7   _____ (Kuka) lähetit viestin?
8   Kerro _____ (he), mitä tapahtui.

Demonstrative pronouns and **mikä?** (*what, which?*)

6   Finnish demonstrative pronouns – **tämä** (*this*), **tuo** (*that* (*visible*)), **se** (*that, it*), **nämä** (*these*), **nuo** (*those* (*visible*)), **ne** (*those, they*) – and the question pronoun **mikä?** (*what, which?*) have all the forms like any other noun or pronoun. They may appear on their own or with a noun, e.g. **tämä on kallis** (*this is expensive*), **tämä paita on kallis** (*this shirt is expensive*).

Mitä nämä saappaat maksavat?	(*How much do these boots cost?*)
Mikä sen mekon hinta oli?	(*What was the price of that dress?*)
Vaihtaisin nämä kengät noihin isompiin.	(*I would like to exchange these shoes for those bigger ones.*)
Tässä laitteessa on joku vika.	(*There's a fault in this device.*)
En pidä tuosta punaisesta vedenkeittimestä.	(*I don't like that red kettle.*)
Nostatko tulostimen tuolle pöydälle?	(*Could you lift the printer onto that table?*)
Millä tavalla se olisi paras tehdä?	(*In what way would it be best to do it?*)

The forms of the pronouns are:

Nominative	tämä	tuo	se	nämä	nuo	ne	mikä?
Partitive	tätä	tuota	sitä	näitä	noita	niitä	mitä?
Genitive	tämän	tuon	sen	näiden	noiden	niiden	minkä
Accusative	tämän	tuon	sen	nämä	nuo	ne	minkä? (sing.) mitkä?(pl.)
Illative	tähän	tuohon	siihen	näihin	noihin	niihin	mihin?
Inessive	tässä	tuossa	siinä	näissä	noissa	niissä	missä?
Elative	tästä	tuosta	siitä	näistä	noista	niistä	mistä?
Allative	tälle	tuolle	sille	näille	noille	niille	mille?
Adessive	tällä	tuolla	sillä	näillä	noilla	niillä	millä?
Ablative	tältä	tuolta	siltä	näiltä	noilta	niiltä	miltä?

D   Complete the sentences with the suitable pronouns from the box. Use each pronoun only once. The pronouns are already in the correct form.

niitä	nuo	näistä	siihen	siinä	tuolta	~~tuosta~~	tämä

1   Ostin solmion _tuosta_ kaupasta.
2   _____ liikkeessä ei ollut sopivaa mallia.
3   Ihastuin _____ hameeseen.
4   _____ tarjous on mahtava!
5   Onko _____ housuista isompaa kokoa?
6   Ei Mikko muistanut hakea _____ paketteja.
7   Mistä kaupasta _____ kaiuttimet ovat?
8   Kysyin neuvoa _____ myyjältä.

Relative pronouns

7   The Finnish relative pronoun is usually **joka** (*that, which, who*) that has all the possible forms. The choice of form is based on the function the relative pronoun has in the relative clause.

Housut, <u>joita</u> Eero sovitti, olivat liian pitkät.	(*The trousers that Eero tried on were too long.*)
Kolme syytä, <u>joiden</u> takia kannattaa tulla meille ostoksille.	(*Three reasons why it's worth coming to us to shop.*)
Lenkkarit, <u>jotka</u> ostin, olivat tarjouksessa.	(*The sneakers that I bought were on offer.*)
Lauantaina pidettiin avajaiset, <u>joihin</u> saapui paljon väkeä.	(*On Saturday there was an opening ceremony that a lot of people attended.*)
Urheiluliike on liike, <u>jossa</u> myydään urheiluvälineitä.	(*A sports store is where they sell sports equipment.*)
Tässä on lista tuotteista, <u>joista</u> pidän.	(*Here's a list of products that I like.*)
Asiakas, <u>jolta</u> saimme valituksen, on taas ottanut yhteyttä.	(*The customer who we received a complaint from has got in touch (with us) again.*)

8   The relative pronoun may be **mikä** (*which, what?*) if it refers to an entire sentence, a superlative, or when referring to a place.

Huomenna alkaa loma, <u>mikä</u> on ihanaa.	(*The holiday is starting tomorrow, which is wonderful.*)
Mikä on hauskinta, <u>mitä</u> lapsesi on sanonut?	(*What is the funniest thing that your child has said?*)
Onko Turku kaupunki, <u>missä</u> (<u>jossa</u>) haluaisit asua?	(*Is Turku a town where you would like to live?*)

9   The relative pronoun may also be **jolloin** (*when*), which has a temporal meaning.

On päiviä, <u>jolloin</u> yksinkertaisesti täytyy päästä shoppaamaan.	(*There are days when you simply have to go shopping.*)

E Complete the table with the missing forms of the relative pronoun.

	Singular	Plural
Nominative	joka	jotka
Partitive	jota	
Genitive	jonka	joiden
Accusative		jotka
Illative	johon	joihin
Inessive	jossa	
Elative		joista
Allative	jolle	joille
Adessive	jolla	
Ablative		joilta

 Note that the pronouns have less frequently used forms, such as the essive (e.g. **päivä, jona** (the day on which)) and the translative (e.g. **täksi illaksi** (for this evening)).

F Combine the beginning and end of the sentences

1 Tämä on markkinoiden ensimmäinen kahvinkeitin,

2 Onko tämä se leivänpaahdin,

3 Muista verkkokauppamme,

4 Tämä on mallistomme ensimmäinen imuri,

5 Ostin hienon tuulettimen,

6 Matti löysi vihdoin edullisen pesukoneen,

7 Tässä olisi niitä sähköhammasharjoja,

8 Minusta turhimpia koneita ovat leipäkoneet,

a josta löydät viimeisimmät tarjouksemme ja ale-tuotteet.

b jonka avulla voi sekä viilentää että lämmittää.

c jota hän oli etsinyt kauan.

d joka keittää kahvia kupillisen kerrallaan.

e jolla voi imuroida myös vettä.

f joista kerroin.

g jotka vain keräävät pölyä kaapissa.

h jonka näin mainoslehdessä?

G Complete with the correct forms of the relative pronouns joka and mikä.

1 Pusero, jonka tilasin netistä, oli liian iso.

2 On vaikea löytää asua, _____ voi käyttää sekä töissä että vapaa-aikana.

3 Tervetuloa miesten muodin verkkokauppaan, _____ löydät jokaisen miehen tyyliin jotakin.

4 Hänellä oli kaulassaan solmio, _____ oli sinisiä raitoja.

5 Mirja halusi ostaa farkut, _____ ei ole takataskuja.

6 Me olimme juhlissa ainoat vieraat, _____ oli päällä värikkäät vaatteet.

7 En ottanut mukaan käsineitä, _____ oli virhe.

8 Missä se on se takki, _____ hihat ovat nahkaa?

Vocabulary

H Reorder the letters into words that describe items of clothing.

1	lpumuauk	_vimapuku_	swimming costume
2	aptasapa		boots
3	kikta		jacket, coat
4	ihuiv		scarf
5	opip		beanie hat
6	uvaatealtets		underwear
7	kemok		dress
8	uohstu		trousers
9	ktaus		socks

I Choose the correct option.

1 Pyykit pestään   **a** <u>pesukoneessa</u>   **b** tiskikoneessa   **c** kuivausrummussa.
2 Jäätelö laitetaan   **a** jääkappiin   **b** pakastimeen   **c** tiskikoneeseen.
3 Astiat pestään   **a** tiskikoneessa   **b** mikroaaltouunissa   **c** uunissa.
4 Lattia siivotaan   **a** akulla   **b** hellalla   **c** imurilla.
5 Kun tehdään teetä, tarvitaan   **a** kahvinkeitintä   **b** leivänpaahdinta
   c vedenkeitintä.
6 Kun tehdään kakkua, tarvitaan   **a** vohvelirautaa   **b** hiustenkuivaajaa
   c sähkövatkainta.
7 Kun vaatteet ovat rypyssä, tarvitaan   **a** silitysrautaa   **b** tehosekoitinta
   c kiharrinta.

J Match the Finnish phrases about shopping with the English ones.

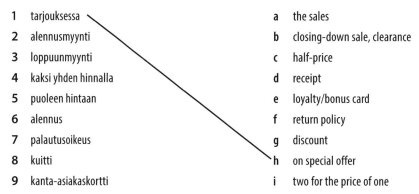

1 tarjouksessa   **a** the sales
2 alennusmyynti   **b** closing-down sale, clearance
3 loppuunmyynti   **c** half-price
4 kaksi yhden hinnalla   **d** receipt
5 puoleen hintaan   **e** loyalty/bonus card
6 alennus   **f** return policy
7 palautusoikeus   **g** discount
8 kuitti   **h** on special offer
9 kanta-asiakaskortti   **i** two for the price of one

 # Reading

K Read the following text about a washing-machine and answer the question.

Kuinka pitkä takuu pesukoneella on?

_____

Super-pesukone

Ympäristöystävällinen, edestä täytettävä Super-pyykinpesukone tarjoaa älykkäitä toimintoja. Pyykinpesukoneestamme löytyvät kaikki perusohjelmat sekä erikoisohjelmia, kuten *villa*, *silkki* ja *allergia*. Pikatoiminto lyhentää pesuaikaa jopa 40%. Saat täydellisen puhtaat pyykit erittäin nopeasti. Uusi tekniikkamme optimoi energian- ja vedenkulutuksen pyykkimäärälle sopivaksi. Näyttö tarjoaa tietoa pesuprosessista sekä osoittaa valitun lämpötilan ja pesuajan. Pesukoneemme mahdollistaa myös viivästetyn aloituksen. Super-pesukone kuuluu parhaaseen ympäristöluokkaan. Tuotteella on kahden vuoden takuu. Toimituskulut ovat ilmaiset, mutta voit myös noutaa koneen myymälästä itse heti samana päivänä. Asennus maksaa 25 euroa, ja viemme samalla vanhan laitteesi kierrätykseen ilmaiseksi. Maksutapoina käyvät kaikki yleisimmät luottokortit sekä verkkopankit.

L Decide whether the following statements are true (*oikein*) or false (*väärin*).

	oikein	väärin
1 Super-pesukone on ekologinen.		
2 Super-kone täytetään koneen päältä.		
3 Näytöstä näkyy lämpötila.		
4 Pesuohjelman voi aloittaa viiveellä.		
5 Kierrätys maksaa 25 euroa.		
6 Pesukoneen voi maksaa nettipankin kautta.		

M Now read a review of the washing-machine. Find the words listed in the text and write the basic form.

◀ | ▶　　Arvostelu

Oikein hyvä kone

Ensimmäinen oma pyykinpesukone ja useamman koneellisen pesemisen jälkeen olen tyytyväinen tuotteeseen. Ehdoton plussa on näyttö, joka kertoo pesun kokonaisajan ja paljonko aikaa on jäljellä. Ostopäätökseen vaikutti hiljainen ääni, jota monet käyttäjät kehuivat. Tämä kone on todellakin hiljainen: naapurit eivät varmasti kuule mitään. Puhdasta pyykkiä tulee, vaikka käyttäisi pikaohjelmaa, jolloin peseminen kestää vain noin tunnin. Suosittelen konetta sinkuille: tätä konetta voi käyttää, vaikka pyykkiä olisikin vähemmän. Kuulin koneesta ystävältäni, joka asuu yksiössä. Isommat lakanapyykit mahtuvat hyvin koneeseen. Hyvä merkki kohtuuhintaan ja kotiinkuljetus kaupan päälle.

---

1 a good brand *hyvä merkki*
2 at a reasonable price _____
3 product _____
4 into the bargain _____
5 satisfied _____
6 home delivery _____
7 quiet sound _____

✎ Writing

N Write a review for a house appliance based on the model provided above. Write what you like and don't like. Comment on the price, quality and functions, and the service in the shop that sold you the appliance. You can get more inspiration by reading more ads and reviews online in Finnish. Write about 80–100 words.

_____
_____
_____
_____
_____
_____

_____

_____

_____

_____

Self-check

Tick the box which matches your level of confidence.

1 = very confident   2 = need more practice   3 = not confident

Valitse taulukosta ruutu, joka vastaa taitojasi.

1 = osaan hyvin   2 = tarvitsen lisää harjoitusta   3 = en osaa vielä

	1	2	3
Use the endings -**lle** and -**lta/ltä**.			
Use personal, demonstrative and relative pronouns.			
Use shopping vocabulary.			
Can read detailed ads and reviews of home appliances. (CEFR B1)			
Can write a review of a home appliance. (CEFR B1)			

10 Kävele suoraan eteenpäin keskustorille asti

Walk straight ahead to the central square

In this unit you will learn how to:

✓ Use the imperative and the passive in the sense *let's*.

✓ Use prepositions and postpositions of place.

✓ Use various indefinite pronouns.

✓ Use verbs of movement.

CEFR: Can read and write detailed descriptions of town centres in a tourist-brochure style (CEFR B1); Can ask for and give detailed instructions on how to get from one place to another (CEFR B1).

nurmikko
silta keskustori tehdas
puisto rautatieasema huvipuisto
näkötorni patsas kirjasto
teatteri ostoskeskus

Meaning and usage

The imperative

1   The imperative is a form used to give orders. Here are examples of affirmative second-person singular (**sinä**) and plural (**te**) forms. Note that the plural form is used to address one person politely.

Käänny vasemmalle!	(*Turn left!* (*sing.*))
Menkää tien yli!	(*Cross the road!* (*pl.*))
Älä aja pyörällä jalkakäytävällä!	(*Don't cycle on the pavement!* (*sing.*))
Älkää kävelkö nurmikolla!	(*Don't walk on the grass!* (*pl.*))

A Work out the rule for forming the second-person imperative singular and plural by completing the table.

Infinitive	2 singular affirmative	2 singular negative	2 plural affirmative	2 plural negative
kääntyä	käänny!		kääntykää!	
käydä		älä käy!		älkää käykö!
mennä	mene!		menkää!	
pelata	pelaa!	älä pelaa!		älkää pelatko!
valita	valitse!		valitkaa!	älkää valitko!

 You can use the imperative with people you know well to give everyday instructions or orders. The imperative plural is also used in customer services situations, and to issue warnings and instructions to strangers. If you wish to be extra polite, it's best to use other constructions, e.g. **Voisitteko nousta ylös?** *(Could you stand up?) instead of* **Nouskaa ylös!** *(Get up!)*

B Match the places or situations with the imperatives.

1 Pankkiautomaatti   a Työnnä
2 Lentokone   b Kirjaudu sisään
3 Netti   c Ota jonotusnumero. Täytä työhakemus.
4 Ovi   d Laittakaa matkatavaranne edessä olevan istuimen alle.
5 Kirjasto   e Palauta kirjat palautusautomaatilla tai anna ne palautustiskille
6 Verkkopankki   f Istukaa odottamaan odotusaulaan, lääkäri kutsuu nimeltä.
7 Työvoimatoimisto   g Valitse toiminto
8 Terveyskeskus   h Aktivoi tai vaihda lista avainluvuista täällä

2 The passive form ending for the imperative is used to give suggestions in the first-person plural, similar to the English *let's*, as illustrated by the following examples.

Kävellään puiston läpi!	*(Let's walk through the park!)*
Kokeillaan sitä uutta ravintolaa!	*(Let's try that new restaurant!)*
Ei istuta taas koko iltaa kotona!	*(Let's not sit at home all evening again!)*
Ei kyllä pysäköidä autoa taas niin kauas konserttitalolta!	*(No way we're parking the car so far away from the concert hall again.)*

How to form the passive

1   The passive form can be used in the sense 'let's…'. The passive of verb type 1 verbs is formed by removing the ending -n from the first-person singular and adding **-taan/-tään** to the stem. This means that the verb type 1 verbs will have weak grade. There is a vowel change when a verb ends in **a** or **ä**. They become **e**. For example, **ostaa** (*to buy*) > **ostan** (*I buy*) > **oste-taan** (*let's buy*), **ottaa** (*to take*) > **otan** (*I take*) > **otetaan** (*let's take*).

2   The passive of the other verb types is formed by simply adding **-an/-än** to the infinitive form, e.g. **mennä** (*to go*) > **mennään** (*let's go*), **tavata** (*to meet*) > **tavataan** (*let's meet*).

3   The negative passive is formed by combining the negative verb **ei** with the present passive minus **-an/-än**, e.g. **istutaan** (*let's sit*) > **ei istuta** (*let's not sit*). The negative passive forms of verb type 2–6 verbs are therefore **ei** + infinitive, e.g. **ei mennä** (*let's not go*), **ei tavata** (*let's not meet*).

C   Complete with a suitable verb from the box in the affirmative passive.

ihailla	kokeilla	kysyä	käydä
~~ottaa~~	tutustua	vierailla	ylittää

1   <u>Otetaan</u> taxi!   5   _____ kaupunkiin!
2   _____ turisti-infosta!   6   _____ arkkitehtuuria!
3   _____ tie!   7   _____ linnassa!
4   _____ oopperassa!   8   _____ uutta kahvilaa!

D   Negate the passive forms in exercise C.

1   <u>Ei oteta taksia!</u>   5   _____
2   _____   6   _____
3   _____   7   _____
4   _____   8   _____

Meaning and usage

Prepositions and postpositions of place

1   Finnish has a number of postpositions of place and some prepositions of place. Most postpositions are used with a genitive (e.g. **koulun vieressä** (*next to the school*), **kaupan takana** (*behind the shop*)) but there are some that are used with partitives (**turisti-infoa vastapäätä** (*opposite the tourist info*)) and others that appear with local cases (**kaukana keskustasta** (*far away from the centre*)). Prepositions usually take a partitive (**keskellä katua** (*in the middle of the street*)).

Kirjasto on koulun vieressä.	(*The library is next to the school.*)
Pyörä on kaupan takana.	(*The bike is behind the shop.*)
Kukkakauppa on muuttanut uuteen sijaintiin turisti-infoa vastapäätä.	(*The flower shop has moved to a new location opposite the tourist info.*)

Meidän uusi koti on <u>kaukana</u> keskustasta. (*Our new home is far away from the centre.*)

Hän seisoi <u>keskellä</u> tietä. (*He was standing in the middle of the road.*)

2 Note that some postpositions have three forms, depending on movement.

Ajoimme auton koulun <u>eteen</u>. (*We drove the car to the front of the school.*)

Auto on parkissa koulun <u>edessä</u>. (*The car is parked in front of the school.*)

Bussit lähtevät koulun <u>edestä</u>. (*The buses left from the front of the school.*)

E Translate the following phrases and sentences.

1 in front of the theatre > <u>teatterin edessä</u>

2 opposite the main post office > _____

3 next to the market square > _____

4 near the parliament building > _____

5 behind the hotel > _____

6 on the other side of the railway station > _____

7 via the shop > _____

8 across the road >_____

F Choose the right form of the postposition.

1 Muistaakseni kirpputori on siinä uimahallin

   a <u>vasemmalla puolella</u>   **b** vasemmalle puolelle   **c** vasemmalta puolelta.

2 Lapsi juoksi takaisin äidin

   a luona   **b** luokse   **c** luota.

3 Baariin pääsee myös noiden rakennusten

   a väliin   **b** välistä   **c** välissä.

4 Laivat Tukholmaan lähtevät kauppahallin

   a vieressä   **b** viereen   **c** vierestä.

5 Oletko jo käynyt siinä uudessa kivassa kahvilassa joen

   a varresta   **b** varteen   **c** varressa?

Meaning and usage

Reciprocal pronouns

1 The reciprocal pronoun in Finnish is **toinen** (*other*) in the plural, followed by the right possessive suffix.

Kaupunkilaiset ja maalaiset eivät pidä toisistaan. (*City people and country people don't like each other.*)

He tapasivat <u>toisensa</u> juoksutapahtumassa. (*They met each other at a running event.*)

Me emme nähneet <u>toisiamme</u> kaupungilla. (*We didn't see each other in town for a couple of years.*)

G Complete with the correct form of the reciprocal pronoun *toinen* from the box. Use each form only once.

| toisenne | ~~toisiaan~~ | toisianne | toisiimme | toisiinsa | toisilleen | toistemme |

1 He rakastavat toisiaan.
2 Tutustuimme _____ kansalaisopiston iltakurssilla.
3 Näittekö _____ kaupungilla?
4 Sukeltajat näyttivät _____ käsimerkin.
5 Tunnemme _____ tavat hyvin.
6 Naapurit ovat tottuneet _____.
7 Teidän täytyy kuunnella _____.

2 The Finnish reflexive pronoun is **itse** (*self*). It takes the right case suffix and is followed by the appropriate possessive suffix. When it is the same as the subject it takes no case ending or a possessive suffix.

Pidä huolta itsestäsi!   (*Look after yourself.*)

Taidan varata itselleni kaupunkiloman.   (*I think I will book myself a city break.*)

Turistit löysivät hotellinsa itse.   (*The tourists found their hotel themselves.*)

H Complete with the correct form of the reflexive pronoun *itse*.

1 Tunnen itseni hyvin.
2 En jaksa kuunnella Mattia: hän puhuu aina vain _____.
3 Hän ei näe _____ mitään vikaa.
4 Teen sen _____.
5 Sinun täytyy arvostaa ja rakastaa _____.
6 Aion keskittyä tänä vuonna enemmän _____.
7 Me kysyimme _____: 'Miksi tulimme tänne?'

3 Other useful pronouns are the following: **Kumpikin** (*both*) is always in the singular, whereas **molemmat** (*both*) is always in the plural. The pronouns **jompikumpi** (*either one of the two*) and **ei kumpikaan** (*neither of the two*) are also used when there are two options to choose from. **Kaikki** is *everything* in the singular and *everyone* in the plural. **Moni** is *many* and **usea** is *several*. **Usea** is often used in the superlative, **useimmat** (*most (people)*). **Kukin** (*each*) is used distributively and is typical of higher registers. **Jokainen** is *each and every one*. **Muutama** is *a few, some, a couple*. **Eräs** (*this, one, a certain*) is typical of written language. It is used when the speaker does not want to mention the name although they know what or who is in question.

Kummallakin asemalla on iso kello.   (*There is a large clock at both stations.*)

Molemmat kahvilat on kivoja. Menemme jompaankumpaan.   (*Both cafés are nice. We'll go to either one of them.*)

Minä en halua mennä kumpaankaan.   (*I don't want to go to either one of them.*)

En jaksanut syödä kaikkea.   (*I couldn't eat everything.*)

Kaikilla on kiire johonkin aamulla.   (*Everyone is in a hurry to get somewhere in the morning.*)

Monet jonottivat uuteen museoon.	*(Many (people) were queuing for the new museum.)*
Useimmilla suomalaisilla on kesämökki.	*(Most Finns have a summer cottage.)*
Kullekin torille tuodaan vaalimainoksia.	*(They will bring election posters to each market square.)*
Lähes jokainen juna oli myöhässä.	*(Nearly each and every train was late.)*
Palasimme puistoon muutaman tunnin kuluttua.	*(We returned to the park after a few hours.)*
Eräs taksikuski kertoi meille paikasta.	*(A certain taxi driver told us about the place.)*

I Choose the right pronoun.

1 Töissä on kivaa. **a** Kaikki **b** Usea **c** Jokainen päivä on erilainen.

2 Nähtävyyksistä parhaat ovat tornihotelli ja vanha julkinen sauna. Et taida haluta nähdä
   a kutakin **b** jompaakumpaa **c** kumpaakaan?

3 **a** Eräällä **b** Monilla **c** Kaikilla ystävälläni on asunto keskustassa.

4 Ostimme asunnon **a** molemmille **b** jommallekummalle **c** kummallekin tyttärellemme.

5 **a** Jokainen **b** Monet **c** Eräät suomalainen on käynyt saunassa.

6 **a** Jompaakumpaa **b** Kaikki **c** Useimmissa vuokrarivitaloissa grillaaminen on sallittua.

Vocabulary

J Combine the beginnings and ends of sentences that contain different kinds of verbs to express movement.

1	Metron korvaava bussi **kulkee**	a	traktorin korjaamolle?
2	Paikalliset **käyvät**	b	Vuosaari-Itäkeskus välillä.
3	Linja-autoasemalle **pääsee**	c	liikenneympyrästä oikealle Vuotielle.
4	**Käänny**	d	keskustan ravintoloissa lähinnä lounaalla.
5	Voisitko **ajaa**	e	raiteelta 6.
6	Juna **saapuu**	f	taksilla ja julkisilla kulkuvälineillä.
7	Joensuun juna **lähtee**	g	eteenpäin mäkeä alas.
8	**Kävele**	h	asemalle kello 18:05.

K Complete with suitable places from the box.

> bensa-asemalla,   eläintarhassa,   leikkikentällä,   liikennevaloissa,
> satamaan,   tehtaassa,   ~~turisti-infosta~~,   vankilassa

1 <u>Turisti-infosta</u> voi kysyä neuvoa.
2 Laivat saapuvat _____ .
3 _____valmistetaan tuotteita.
4 Tuomitut rikolliset ovat _____ .
5 Autot pysähtyvät _____ .
6 Lapset viettävät paljon aikaa _____ .
7 _____ on kirahveja ja elefantteja.
8 _____ voi tankata auton.

Reading

L   Read the following text about Tampere and answer the question below.

Missä Tampere sijaitsee?

_____

Tampere on Suomen mittakaavassa suuri kaupunki. Siellä on 200 000 asukasta. Tampere tuntuu kuitenkin pieneltä kaupungilta: keskusta on kooltaan kompakti, ja ilmapiiri on ystävällinen ja rento.

Kaupunki sijaitsee harjulla kahden järven välissä, siis kaupungin molemmin puolin on kaunis järvimaisema. Tampereen keskustassa on vanhoja punatiilisiä tehdasrakennuksia kosken rannassa. Keskustan halki kulkee Hämeenkatu, jonka toisessa päässä on rautatieasema, ja toisessa päässä puisto ja kirjasto. Keskustori sijaitsee Hämeenkadun keskivaiheilla lähellä siltaa. Torilla järjestetään paljon tapahtumia. Sillalla on erään kuvanveistäjän neljä kuuluisaa patsasta.

Tampere tunnetaan teatterikaupunkina. Tampereella kannattaa myös käydä Pyynikin harjulla kävelyllä upeissa maisemissa sekä vanhassa Pispalan kaupunginosassa katsomassa puutaloja. Tampereella on Näsinneula, joka on Pohjoismaiden toiseksi korkein näkötorni, sekä Särkänniemen huvipuisto.

M   Now determine whether the statements below are true (_oikein_) or false (_väärin_).

	oikein	väärin
1 Tampere on suuri kaupunki, joka tuntuu pieneltä.		
2 Kosken rannassa on punaisia tiilirakennuksia.		
3 Pääkadun molemmissa päissä on puisto.		
4 Keskustori on rautatieaseman vieressä.		
5 Sillalla on patsaita.		
6 Pyynikin harjulta on hienot maisemat.		

N   Now read the text-message exchange from your friend on how to get from one place to another and where to meet in Tampere. Complete the text with the missing words from the word pool.

~~auttaa~~	eteen	itsekseni	jatka	kunnes
oikealla	pois	pääsen	suoraan	toisillemme

Hei! Voitko *auttaa*?

Tietysti. Mitä haluat tietää?

Luin just Tampereen keskustasta. Haluaisin _____ käydä katsomassa niitä koskenrannan tehdasrakennuksia ja shoppailla Hämeenkadulla ennen kuin me nähdään. Miten minä _____ rautatieasemalta koskenrantaan?

Tosi helposti. Hämeenkatu alkaa rautatieasemalta. Kävele siis _____ ovesta ulos. Pääset heti shoppaamaan. Koskenranta ja tori ovat Hämeenkadun keskivaiheilla. _____ siis suoraan eteenpäin, _____ tulet ensimmäiseen isoon risteykseen ja käänny vasemmalle. Tehdasrakennukset ovat _____.

Okei, hyvä. Tavataanko torilla ja mennään yhdessä sinne Pyynikinharjulle kävelylle?

Joo käy oikein hyvin. Tule kahdeksi kaupunginteatterin _____. Voidaan tekstailla _____, jos tulee esteitä. Mennään siitä sitten bussilla Pyynikille. Jäädään _____ bussista vanhan julkisen saunan kohdalla ja käydään siellä kysymässä hintoja. Kaikkiin paikkoihin me ei ehditä tänään.

Joo. Sopii! Nähdään kahdelta!

 # Writing

O   Write a brief description of the centre of your home town to your friend, who is coming to visit. Write about the sights and services. Write instructions on how to get from one place to another using the imperative and suggest what you can do together when you meet each other using the passive (*let's*) form. Follow the model provided by the reading exercises. Write about 80–100 words.

_____

_____

_____

_____

_____

_____

_____

_____

_____

_____

Self-check

Tick the box which matches your level of confidence.

   1 = very confident   2 = need more practice   3 = not confident

Valitse taulukosta ruutu, joka vastaa taitojasi.

   1 = osaan hyvin   2 = tarvitsen lisää harjoitusta   3 = en osaa vielä

	1	2	3
Use the imperative and the passive in the sense *let's*.			
Use prepositions and postpositions of place.			
Use various indefinite pronouns.			
Use verbs of movement.			
Can read and write detailed descriptions of town centres in a tourist-brochure style. (CEFR B1)			
Can ask for and give detailed instructions on how to get from one place to another. (CEFR B1)			

11 Juhannusta juhlitaan Seurasaaressa

Midsummer is celebrated in Seurasaari

In this unit you will learn how to:

✅ Use the present passive.

✅ Use ordinal numbers and read dates.

> **CEFR:** Can read and write detailed descriptions of events, holidays and parties (CEFR B1); Can read, write and respond to invitations (CEFR A2).

Meaning and usage

The passive tense

1 The so-called Finnish passive has many functions. It can be used like the passive in English. In this unit the focus will be on the passive and the so-called fourth person uses.

Auto <u>pestään</u> huomenna.	(*The car will be washed tomorrow.*)
Huonetta <u>siivotaan</u>.	(*The room is being cleaned.*)
Joulukuusta <u>ei osteta</u> kaupasta.	(*The Christmas tree is not bought in a shop.*)

2 The English passive can take an agent, for example *The car is washed by the man. By the man* is the agent. The Finnish passive cannot take an agent.

3 Sometimes the Finnish passive could be regarded as a fourth person and the translation could be *they, we, people, Finns,* depending on the context. The focus is on the action that is performed by an unknown number of people.

Pääsiäisenä Suomessa <u>syödään</u> suklaamunia.	(*Chocolate eggs are eaten at Easter in Finland. OR Finns eat chocolate eggs at Easter. OR They eat chocolate eggs in Finland at Easter.*)
Ennen joulua <u>leivotaan</u> paljon.	(*They bake a lot before Christmas. OR People bake a lot before Christmas.*)
Viikonloppuna <u>levätään</u>.	(*At the weekend people rest. OR At the weekend they rest.*)

4 Additionally, the passive form can be used for suggestions in the sense *let's.*

Mennään ulos!	(*Let's go out.*)
Ei istuta kotona!	(*Let's not sit at home!*)

 The passive tense is also used in colloquial language instead of the first-person plural.

Colloquial	Standard written	Translation
Me katsotaan televisiota.	Me katsomme televisiota.	*We're watching / We watch television.*
Me ei jakseta tehdä mitään.	Me emme jaksa tehdä mitään.	*We can't be bothered to do anything.*

How to form the passive

1 The passive of verb type 1 verbs is formed by removing the ending **-n** from the first-person singular and adding **-taan/-tään** to the stem. This means that the verb type 1 verbs will have weak grade. There is a vowel change when a verb ends in **a** or **ä**. They become **e**. For example, **lukea** (*to read*) → **luen** (*I read*) → **lue-taan** (*is read, people read*); **kirjoittaa** (*to write*) → **kirjoitan** (*I write*) → **kirjoite-taan** (*is written, people write*).

Ennen joulua kirjoitetaan joulukortteja. (*Christmas cards are written before Christmas.*)

2 The passive of the other verb types is formed by simply adding **-an/-än** to the infinitive form, e.g. **herätä** (*to wake up*) → **herätään** (*people wake up*); **syödä** (*to eat*) → **syödään** (*is eaten, people eat*).

Jouluna syödään kinkkua. (*Ham is eaten at Christmas.*)

3 The negative passive is formed by combining the negative verb **ei** with the present passive minus **-an/-än**, e.g. **kirjoitetaan** (*is written, people write*) > **ei kirjoiteta** (*is not written, people don't write*). The negative passive forms of verb type 2–6 verbs are therefore **ei** + infinitive, e.g. **ei syödä** (*is not eaten*), **ei mennä** (*people don't go*).

Nykyisin ei mennä kirkkoon. (*Nowadays people don't go to church.*)

A Give the affirmative and negative passives for the verbs provided.

    1 juoda *juodaan, ei juoda*

    2 juhlia _____

    3 polttaa _____

    4 tehdä _____

    5 tarvita _____

    6 varata _____

    7 maksaa _____

    8 nousta _____

B   Complete the sentences with the passive form of the verbs in the box.

| ~~avata~~ | juhlia | laulaa | lähettää | olla | pitää | sytyttää | syödä |

1   Suomessa lahjat _avataan_ jouluaattona.
2   Ystävänpäivänä _____ kortteja ystäville.
3   Juhannuksena _____ maalla.
4   Itsenäisyyspäivänä _____ sinivalkoinen kynttilä.
5   Vappuna _____ keskustassa.
6   Pikkujouluissa _____ hauskaa.
7   Syntymäpäiväjuhlissa _____ päivänsankarille.
8   Pääsiäisenä _____ mämmiä.

How to choose the right form of the object with the passive

1   Contrast the forms of the objects in the following active and passive sentences.

Active sentences	Passive sentences
Avaanko shamppanjapullon? (*Shall I open the champagne bottle?*)	**Avataan shamppanjapullo!** (*Let's open the champagne bottle!*)
Juomme teetä ja syömme kakkua. (*We're drinking tea and eating cake.*)	**Kahvilassa juodaan kahvia ja syödään kakkua.** (*People drink coffee and eat cake in the café.*)
Mike ja Emma opiskelevat Suomen historiaa. (*Mike and Emma study Finnish history.*)	**Kurssilla opiskellaan Suomen historiaa.** (*Finnish history is studied on the course.*)
En avaa shamppanjapulloa. (*I won't open the champagne bottle.*)	**Shamppanjapulloa ei avata vielä.** (*The champagne bottle won't be opened yet.*)

 Juhannus (*Midsummer, St John's*) *is celebrated on the Saturday between 19th and 26th of June. Finns go to the countryside for Midsummer eve, have a sauna, drink alcohol and light a* **kokko** (*bonfire*). **Vappu** (*May Day, Labour Day*) *on 1 May is another merry, specifically Finnish or Nordic celebration. It's a carnival-like celebration for workers and students. Students wear white student hats. People eat* **silli** (*herring*), **munkki** (*doughnut*) *or* **tippaleipä** (*funnel cake*), *and drink* **sima** (*alcohol-free mead*). *Picnics are popular.*

C Change the active sentences into the passive using the sentences above as a model.

1 Pormestari pitää puheen. → _Puhe pidetään._
2 Opettaja sytyttää kynttilän. _____
3 Leivomme kakun huomenna. _____
4 Tyttö ostaa suklaamunan kioskilta. _____
5 Kaupunki järjestää festivaalin joka vuosi. _____
6 Virtasen perhe lähetti kutsun naapurille. _____

D Change the following sentences from the affirmative to the negative.

1 Festivaaliliput ostetaan netistä. → _Festivaalilippuja ei osteta netistä._
2 Joulukuusi haetaan metsästä. _____
3 Kukat viedään haudalle. _____
4 Televisiossa näytetään isänmaallinen elokuva. _____
5 Äidille annetaan äitienpäivänä lahja. _____
6 Ennen joulua leivotaan piparkakut. _____

2 The examples show that the only difference between the first two sentences is in the first type. The rule is: all the other forms of the objects are possible with the passive apart from the accusative singular ending in **n**. This ending is normally used when there is a result or a planned result and the whole object is affected.

Meaning and usage

Ordinal numbers

1 The ordinals are numbers like *first*, *second*, *third*, *fourth* and so on. In Finnish the ordinal marker is **-s** apart from **ensimmäinen** (*first*) and **toinen** (*second*). It's attached to the inflectional stems of numbers (e.g. **viisi** : **viide**-) and every part of the number apart from **toista**.

2 All numbers have ordinal forms but we are focusing on the most commonly used ones here, such as the ones used to express dates.

ensimmäinen	yhdestoista	kahdeskymmenesensimmäinen
toinen	kahdestoista	kahdeskymmenestoinen
kolmas	kolmastoista	kahdeskymmeneskolmas
neljäs	neljästoista	kahdeskymmenesneljäs
viides	viidestoista	kahdeskymmenesviides
kuudes	kuudestoista	kahdeskymmeneskuudes
seitsemäs	seitsemästoista	kahdeskymmenesseitsemäs
kahdeksas	kahdeksastoista	kahdeskymmeneskahdeksas
yhdeksäs	yhdeksästoista	kahdeskymmenesyhdeksäs
kymmenes	kahdeskymmenes	kolmaskymmenes
		kolmaskymmenesensimmäinen

3 Note that in ordinals are in Finnish written with a number followed by a full stop, for example **tänään on sunnuntai 4. syyskuuta** (*it's Sunday, 4 September*).

E Revise the names of the months and read the following sentences out loud. Remember that the month is in the partitive.

1 Uudenvuodenpäivä on 1.1. → *ensimmäinen tammikuuta*
2 Jouluaatto on 24.12. _____
3 Vappu on 1.5. _____
4 Vapunaatto on 30.4. _____
5 Juhannus on tänä vuonna 21.6. _____
6 Suomen itsenäisyyspäivä on 6.12. _____
7 Pitkä perjantai oli 25.3. _____
8 Ystävänpäivä on 14.2. _____
9 Amerikan itsenäisyyspäivä on 4.7. _____
10 Sannan nimipäivä on 11.8. _____
11 Sirpan nimipäivä on 15.9. _____
12 Yhdistyneiden kansakuntien (YK:n) päivä on 24.10. _____
13 Isänpäivä on 13.8. ensi vuonna. _____
14 Loppiainen on 6.1. _____

4 Ordinals also have their own partitives and inflectional stems where other endings are added. **Ensimmäinen** and **toinen** behave like any **nen**-stems. The other stems are featured in the table. Note that **-toista** doesn't change its form.

Nominative	ensimmäinen	viides	seitsemästoista
Partitive	ensimmäistä	viidettä	seitsemättätoista
Stem	ensimmäise-	viidenne-	seitsemänne- toista
Strong stem	N/A	viidente-	seitsemänte- toista

Olemme menossa **ensimmäistä** kertaa lomalle Thaimaahan.	(*We're going on holiday to Thailand for the first time.*)
Suomalainen urheilija jäi kilpailussa **toiseksi.**	(*The Finnish athlete came second in the competition.*)
Kahvila on **toisessa** kerroksessa.	(*The café is on the second floor.*)
Olen ulkomailla syyskuun **viidenteen** päivään asti.	(*I'll be abroad until the fifth of September.*)
Leena on menossa **kolmatta** kertaa naimisiin.	(*Leena is getting married for the third time.*)
Meidän tyttö on **neljännellä** luokalla.	(*Our daughter is in the fourth grade.*)

*Dates can have the **na/nä**-ending, for example **juhlat ovat kuun 3. (kolmantena) päivänä** (the party is on the third day of the month). Fortunately, it is also common to simply use the basic form: **juhlat ovat kuun 3. (kolmas) päivä** (the party is on the third day of the month).*

F   Complete with the correct form of the ordinals in brackets.

1   Olen lomalla <u>ensimmäisestä</u> (ensimmäinen) päivästä <u>seitsemänteen</u> (seitsemäs) päivään.
2   Sauna on hotellin _____ (yhdestoista) kerroksessa.
3   Vastaanotto on _____ (toinen) huoneessa vasemmalla.
4   Menimme hissillä _____ (kolmas) kerrokseen.
5   Häät ovat syyskuun _____ (neljäs) päivänä.
6   Matti on _____ (yhdeksäs) luokalla.
7   Tulin kilpailussa _____ (neljäs).
8   Valitettavasti suomalainen jäi kilpailussa _____ (kuudes).

Vocabulary

G   Match the name of the holiday with what will happen in Finland.

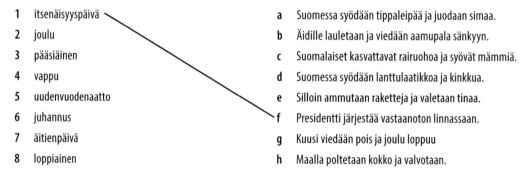

1	itsenäisyyspäivä	a	Suomessa syödään tippaleipää ja juodaan simaa.
2	joulu	b	Äidille lauletaan ja viedään aamupala sänkyyn.
3	pääsiäinen	c	Suomalaiset kasvattavat rairuohoa ja syövät mämmiä.
4	vappu	d	Suomessa syödään lanttulaatikkoa ja kinkkua.
5	uudenvuodenaatto	e	Silloin ammutaan raketteja ja valetaan tinaa.
6	juhannus	f	Presidentti järjestää vastaanoton linnassaan.
7	äitienpäivä	g	Kuusi viedään pois ja joulu loppuu
8	loppiainen	h	Maalla poltetaan kokko ja valvotaan.

H   Choose the correct option.

1   Häissä sulhanen ja   a   <u>morsian</u>   b   pappi   c   bestman menevät naimisiin.
2   Hautajaisissa surraan poismennyttä   a   läheistä   b   vierasta   c   serkkua.
3   Ristiäisissä lapselle annetaan   a   joululahja   b   ylioppilaslakki   c   nimi.
4   Rippijuhlissa juhlitaan nuoren   a   konfirmaatiota   b   häitä   c   ammattia.
5   Ylioppilasjuhlissa juhlitaan nuorta, joka on suorittanut   a   päiväkodin   b   lukion
     c   peruskoulun.
6   Läksiäiset järjestetään, kun joku on saanut uuden   a   vaimon   b   lapsen
     c   työpaikan ja lähtee pois.
7   Tupaantuliaiset järjestetään, kun joku on muuttanut uuteen   a   kaupunkiin
     b   asuntoon   c   lukioon.

I   Complete the following invitations and one reply to an invitation with the missing words or phrases from the box.

allergiat	juhlapuku	kotiimme	kutsukortti
kutsusta	~~tervetuloa~~	tulostasi	vastausta

1   _Tervetuloa_ vihkimistilaisuuteen Kallion kirkkoon lauantaina 24.7. klo 14:00. Tilaisuuden jälkeen otamme vastaan onnitteluja Häähuoneella klo 15:30 alkaen. _____ pyydetään 1.7. mennessä. Ilmoitattehan samalla mahdolliset _____. Maija ja Kalle

2   Tervetuloa juhlimaan 60-vuotispäivääni sunnuntaina 16.5. klo 16-19 _____ Koulukatu 6. Juhlat ovat epämuodolliset, mutta ilmoitathan _____. Lotte

3   Suurlähettiläs kutsuu Teidät itsenäisyyspäivän juhlavastaanotolle Suomen suurlähetystöön tiistaina 6. joulukuuta kello 19:00. _____ ja kunniamerkit. Vastausta pyydetään 15. marraskuuta mennessä suurlahetysto@suomi.fi._____ja henkilötodistus pyydetään näyttämään sisään tultaessa.

4   Kiitos _____. Tulen mielelläni juhliin ensi viikolla.

📖 Reading

J   Read the first part of the text about annual celebrations in Helsinki and answer the question below.

Mitä Helsingissä juhlitaan huhtikuun viimeisenä päivänä?

_____

Helsingissä tapahtuu

Joka huhtikuun viimeisenä päivänä juhlitaan vappua, perinteisesti ylioppilaiden ja työläisten juhlaa, johon osallistuu koko kansa. Helsingissä ylioppilaat lakittavat Kauppatorilla Havis Amandan patsaan valkoisella ylioppilaslakilla. Seuraavana aamuna ylioppilaat kokoontuvat brunssille Kaivopuiston Ullanlinnanmäelle vastaanottamaan uutta päivää ja kevättä.

Toukokuussa naisenergia täyttää kaupungin. Naisten kympin juoksevat tuhannet naiset päätyvät maaliin nauttimaan musiikista ja ansaitusta levosta.

Helsinki-päivää juhlitaan vuorostaan kaupungin syntymäpäivän kunniaksi 12. kesäkuuta. Moniin museoihin ja näyttelyihin on ilmainen sisäänpääsy, ja erikoisohjelmaa järjestetään puistoissa ja toreilla.

K   Now answer the following comprehension questions about the text.

1   Kenen juhla vappu on?

_____

2   Mitä ylioppilaat laittavat patsaan päähän?

_____

3   Mitä ylioppilaat tekevät Kaivopuistossa?

_____

4   Kuinka monta kilometriä naiset juoksevat toukokuussa?

_____

5   Miksi Helsinki-päivää juhlitaan 12. kesäkuuta?

_____

L   Now read the rest of the text and determine whether the statements below are true (_oikein_) or false (_väärin_).

Juhannusta juhlitaan Seurasaaressa, jossa on ulkoilmaohjelmaa ja kokko. Kesä on parhaimmillaan.

Heinäkuussa monet jäävät lomille ja kaupungissa on leppoisaa. Elokuussa Helsinki vilkastuu. Helsingin juhlaviikot tarjoavat orkesteri- ja kamarimusiikkia, oopperaa, tanssia, teatteria, jazzia, rockia, taidenäyttelyitä ja elokuvaa. Juhlaviikot huipentuvat Taiteiden yöhön, jolloin taidelaitokset, galleriat, monet museot ja kirjakaupat ovat auki aamuyöhön.

Kauppatorin Silakkamarkkinat lokakuussa ovat perinne 1700-luvulta. Silakkamarkkinoilla myydään tuoretta ja eri tavoin valmistettua silakkaa.

Herkkuja on myös Tuomaan markkinoilla Esplanadin puistossa joulukuussa. Kotitekoinen luomuglögi ja maustekakut löytävät ostajansa.

Uuden vuoden vastaanotto Senaatintorilla 31. joulukuuta päättää vuoden. Senaatintori on jälleen koko valtakunnan keskus, kun vastaanotto televisioidaan.

Source: Visit Helsinki

Accessed: 2011

	oikein	väärin
1 Seurasaaressa on juhannuksena iso tuli ulkona.		
2 Heinäkuussa on kaupungissa rento tunnelma.		
3 Juhlaviikot kulminoituvat Taiteiden yö -tapahtumaan.		
4 Taideyössä kirjakaupat ovat auki yöllä.		
5 Tuomaan markkinoilla voi juoda simaa.		

# Writing

M Write a description of a celebration or holiday in your family to a friend. Use the passive. Write what you eat and drink, what you do at the party, how the house is decorated, whether you sing, who is invited. Invite your friend to the party at the end. The model is provided by the reading exercises and exercise I. Write about 80–100 words.

_____

_____

_____

_____

_____

_____

_____

_____

_____

_____

_____

Self-check

Tick the box which matches your level of confidence.

1 = very confident   2 = need more practice   3 = not confident

Valitse taulukosta ruutu, joka vastaa taitojasi.

1 = osaan hyvin   2 = tarvitsen lisää harjoitusta   3 = en osaa vielä

	1	2	3
Use the present passive.			
Use ordinal numbers and read dates out loud.			
Can read and write detailed descriptions of events, holidays and parties. (CEFR B1)			
Can read, write and respond to invitations. (CEFR A2)			

12 Sotien jälkeen alettiin muuttaa kaupunkeihin

People started moving to cities after the war

In this unit, you will learn how to:

- ✓ Use the past, perfect and pluperfect passives.
- ✓ Use the -masta/-mästä and -maan/-mään forms in an abstract context.
- ✓ Use various cohesive devices.
- ✓ Use vocabulary to describe historical events.

CEFR: Can read a detailed encyclopedia-style text about historical events (CEFR B2); Can write a detailed encyclopedia-style text about historical events (CEFR B2).

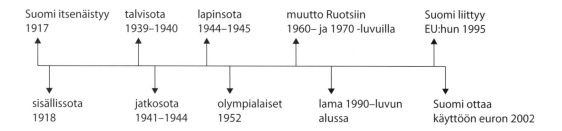

| Suomi itsenäistyy 1917 | talvisota 1939–1940 | lapinsota 1944–1945 | muutto Ruotsiin 1960– ja 1970 -luvuilla | Suomi liittyy EU:hun 1995 |

| sisällissota 1918 | jatkosota 1941–1944 | olympialaiset 1952 | lama 1990–luvun alussa | Suomi ottaa käyttöön euron 2002 |

Meaning and usage

The past passive

1   The past passive is used to talk about things people did in the past, or what was done in the past.

Ennen syötiin enemmän punaista lihaa.	(People used to eat more red meat.)
Kurssilla opiskeltiin kielioppia.	(Grammar was studied on the course.)
Suomi liitettiin Venäjään vuonna 1809.	(Finland was annexed to Russia in 1809.)
Ennen ei katsottu televisiota vaan kuunneltiin radiota.	(People didn't used to watch TV but listened to radio instead.)
Viime tunnilla ei puhuttu paljon suomea.	(Not much Finnish was spoken at the previous lesson.)

> *Some important years in Finnish history are: **1548** when the New Testament was translated into Finnish, **1809** when Finland became part of Russia, **1917** when Finland became independent, **1939** when the Winter War started, **1952** when the summer Olympic Games were held in Finland and **1995** when Finland joined the EU.*

A Write the affirmative and negative past passive forms of the verbs provided.

ajatella _ajateltiin, ei ajateltu_

muuttaa _____

herätä _____

valita _____

juoda _____

mennä _____

analysoida _____

nousta _____

How to form the past passive

1 The past passive ending is **-ttiin** (for verb types 1, 4, 5 and 6) and **-tiin** (for verb types 2 and 3). The ending is attached to the first-person singular stem of verb type 1 verbs. Note the weak grade and vowel change in pronunciation from **a/ä** to **e**, e.g. **puhua** (_to speak_) → **puhun** (_I speak_) → **puhuttiin** (_was spoken, people spoke_); **ottaa** (_to take_) → **otan** (_I take_) → **otettiin** (_was taken, people took_).

2 The ending is attached to the infinitive stem of other verb types, e.g. **opiskel-la** (_to study_) → **opiskel-tiin** (_was studied, people studied_); **tarvi-ta** (_to need_) → **tarvi-ttiin** (_was needed, people needed_).

3 The negative forms are a combination of **ei** and a verb form (past passive participle) ending **ttu/tty** or **-tu/-ty**. The ending is used instead of **-ttiin** or **-tiin** and attached to the same stems. The variants follow vowel harmony -**ttu** and -**tu** go with back vowels **a**, **o** and **u** and -**tty** and -**ty** are used otherwise. For example, **ei puhuttu** (_wasn't spoken_), **ei opiskeltu** (_wasn't studied_), **ei tarvittu** (_wasn't needed_).

B Complete with verbs in the affirmative passive.

1 Suomi _asutettiin_ (asuttaa) jääkauden jälkeen.
2 Ensimmäinen ristiretki Suomeen _____ (tehdä) 1100-luvulla.
3 Ennen Suomessa _____ (metsästää) ja _____ (kalastaa).
4 Suomalaiset _____ (mainita) ensimmäisen kerran Tacituksen teoksessa Germania.
5 Nimeä Finland _____ (alkaa) käyttää 1400-luvulla.
6 Kuningas Kustaa Vaasan aikana _____ (toteuttaa) paljon uudistuksia.
7 Venäjää vastaan _____ (käydä) monta sotaa.
8 Suomen sodan jälkeen 1809 Suomi _____ (liittää) Venäjään.

C Complete with verbs in the negative passive.

1 Suomessa _ei viljelty_ (viljellä) maata.
2 Hallinnon kielenä _____ (käyttää) suomea.
3 Suomessa _____ (olla) kristittyjä.
4 Maata _____ (johtaa) Helsingistä, vaan Turusta.
5 Lakeja _____ (muuttaa), kun Suomi liittyi Venäjään.

Meaning and usage

The perfect passive

1 The perfect passive is used to talk about things that have or have not been done, or things people have done or have not done.

Lattia <u>on</u> jo <u>pesty</u>.	(*The floor has already been washed.*)
Suomessa <u>on</u> perinteisesti <u>syöty</u> paljon perunaa.	(*In Finland people have traditionally eaten a lot of potatoes.*)
Uutta työntekijää <u>ei ole palkattu</u> vielä.	(*The new employee has not been hired yet.*)

2 The perfect passive consists of the verb **on** or **ei ole** and the same **-ttu/-tty** or **-tu/-ty** form as the negative past passive, as described in the beginning of this unit. For example, **on puhuttu** (*has been spoken*), **ei ole puhuttu** (*hasn't been spoken*); **on nähty** (*has been seen*), **ei ole nähty** (*hasn't been seen*); **on tarvittu** (*has been needed*), **ei ole tarvittu** (*hasn't been needed*).

D Translate the following phrases using the passive perfect.

1 has been done   has been written

2 *on tehty*   _____

3 has been washed   has been understood

4 _____   _____

5 has been ordered   people have slept

6 _____   _____

7 has been needed   people have run

8 _____   _____

The pluperfect passive

3 The pluperfect passive is used to talk about things that had or had not been done or that people had done or had not done.

Kun läksyt <u>oli tehty</u> loppuun, mentiin iltapalalle.	(*When the homework had been done, they went to have an evening snack.*)
Kun pyykit <u>oli pesty</u>, ne ripustettiin ulos kuivumaan.	(*When the laundry had been washed, it was hung outside to dry.*)
Itsenäisyyttä <u>ei ollut</u> vielä <u>julistettu</u>.	(*Independence had not been declared yet.*)

4 The pluperfect passive consists of the verb **oli** or **ei ollut** and the same **-ttu/-tty** or **-tu/-ty** form as the negative past passive and the perfect passive. For example, **oli puhuttu** (*had been spoken*), **ei ollut puhuttu** (*hadn't been spoken*), **oli nähty** (*had been seen*), **ei ollut nähty** (*hadn't been seen*), **oli tarvittu** (*had been needed*), **ei ollut tarvittu** (*hadn't been needed*).

E Change the sentences from the perfect and present passive to the pluperfect and simple past passive.

1 Kun presidentti on valittu, juhlitaan. → *Kun presidentti oli valittu, juhlittiin.*
2 Kun lahjat on avattu, mennään nukkumaan. _____
3 Kun on siivottu, tehdään ruokaa. _____
4 Kun on liitytty Euroopan unioniin, ollaan siinä mukana loppuun asti. _____
5 Kun on menetetty työpaikka, muutetaan Ruotsiin. _____
6 Kun on jouduttu sotaan, taistellaan. _____

Meaning and usage
Abstract use of -masta/-mästä and -maan/-mään

1 The verb forms in -**masta**/-**mästä** and -**maan**/-**mään** are usually used with verbs of motion (e.g. **tulin uimasta** (*I came back from swimming*), **menen uimaan** (*I'm going swimming*)), but they also have more abstract use.

Lakkasi <u>satamasta</u>.	(*It stopped raining.*)
Vesisade esti meitä <u>menemästä</u> **rannalle.**	(*The rain prevented us from going to the beach.*)
Meidän täytyy kieltää lapsia <u>menemästä</u> **joelle.**	(*We have to forbid the children from going to the river.*)
En pysty <u>nousemaan</u> **niin aikaisin.**	(*I'm not capable of getting up so early.*)
Jouduitko <u>tekemään</u> **kaiken itse?**	(*Did you have to do everything on your own?*)
Autatko minua <u>kääntämään</u> **tämän tekstin huomiseksi?**	(*Will you help me to translate this text for tomorrow?*)
Sari opettaa opiskelijoita <u>puhumaan</u> **suomea.**	(*Sari is teaching the students to speak Finnish.*)

2 The verbs that take -**masta**/-**mästä** have to do with *ending*, *preventing* or *forbidding*, i.e. the fact that something does not take place, the absence of something. The verbs that take -**maan**/-**mään** have to do with *effects*, *facilitating* or *initiating* an action, e.g. be capable, have to, force, help, teach or learn, i.e. the presence of something.

3 The endings -**masta**/-**mästä** and -**maan**/-**mään** are attached to the third-person plural stem, e.g. **opiskella** (*to study*) → **opiskele-vat** (*they study*) → **opiskele-maan**, **opiskele-massa**.

How to form abstract clauses with -massa/-mässä and -maan/-mään

1 Some of the verbs that take -**masta**/-**mästä** are:

estää	(*to prevent*)
lakata	(*to cease, to stop*)
kieltää	(*to forbid*)
kieltäytyä	(*to say no to*)

2   Some of the verbs that take -**maan/-mään** are:

alkaa	(*to begin*) (also takes a normal infinitive)
auttaa	(*to help*)
hakea	(*to apply*)
harjoitella	(*to practise*)
joutua	(*to have to, to end up*)
lupautua	(*to agree to, to promise*)
neuvoa	(*to advise*)
onnistua	(*to succeed*)
opetella	(*to (try to) learn*)
opettaa	(*to teach*)
oppia	(*to learn*)
pakottaa	(*to force*)
panna	(*to put, to make*)
pyrkiä	(*to try to, to aim for, to apply*)
pyytää	(*to ask (someone to do something)*)
päästä	(*to get (to go somewhere)*)
ruveta	(*to begin*)
pystyä	(*to be able, to be capable*)
saada	(*to get (someone or something to do something)*)
tottua	(*to get used to*)

3   Some of the verbs listed only take the additional verb form without an object:

Jouduin jäämään ylitöihin.   (*I had to stay and do overtime.*)

Others take an object in the partitive (if there is no result) and in the accusative (if there is a result).

Opetan Georgea puhumaan   (*I'm teaching George to speak*
suomea paremmin.   *Finnish better*)

Vien Annen puistoon   (*I'll take Anne to the park to play.*)
leikkimään.

*The form -***massa/-mässä*** also has an additional use. It may be combined with verbs of perception,* **näin hänet pihalla seisomassa** *(I saw him standing in the yard).*

F Complete with the verbs in brackets in the correct form.

1 Onnettomuuden jälkeen opettelin uudelleen <u>kävelemään</u> (kävellä).

2 Harri kieltäytyi _____ (jatkaa) puheenjohtajana.

3 Voitko auttaa Veeraa _____ (kirjoittaa) esitelmän?

4 Ruvetaan taas _____ (tanssia) balettia syksyllä!

5 Pomo sai työntekijät _____ (pelätä) itseään.

6 Kaisa lakkasi _____ (käydä) treeneissä keväällä.

7 Vanhempani eivät estäneet minua _____ (muuttaa) kotoa.

8 Meitä neuvottiin _____ (ottaa) yhteyttä asianajajaan.

G Form sentences using the words provided.

1 huono - taloustilanne - pakottaa - moni - lähteä - ulkomaille - etsiä - työ → <u>Huono taloustilanne pakottaa monet lähtemään ulkomaille etsimään töitä.</u>

2 elokuva - saada - lapsi - nauraa _____

3 minä - joutua - laittaa - herätyskello - soida _____

4 mikään - ei - estää - suomalainen - mennä - sauna _____

5 hän - pyrkiä - aina - tehdä - kaikki - hyvin _____

6 me - oppia - nopeasti - käyttää - uusi kahvinkeitin _____

7 eilen - hän - pyytää - minä - palauttaa - kirja _____

Meaning and usage

Cohesive devices

1 Various cohesive devices are used in written language. They combine parts of the text together and show, for example, contrast.

These include:

etenkin	(especially)	siitä huolimatta	(in spite of that, still)
itse asiassa	(in fact)	siksi	(that's why, for this reason)
jopa	(even, up to, as many as)	silti	(yet, still)
kuitenkin	(however)	toisaalta	(on the other hand)
lopuksi	(finally, to conclude)	toisin sanoen	(in other words)
nimenomaan	(precisely)	toistaiseksi	(for the time being)
puolestaan	(for their part)	varsinkin	(especially)
päinvastoin	(on the contrary)	vastedes	(henceforth)
sen sijaan	(instead)	siitä huolimatta	(in spite of that, still)

H Choose the correct option.

1 Suomesta tuli osa Venäjää, mutta maa sai   **a** lähinnä   **b** sen sijaan   **c** <u>silti</u> pitää luterilaisen uskonnon.

2 Oikeistoradikaali Lapuan liike oli   **a** toisin sanoen   **b** jopa   **c** vastedes kielletty Suomessa.

3 **a** Jopa   **b** Etenkin   **c** Toistaiseksi 400 000 suomalaista joutui lähtemään evakkoon.

4 Suomi hävisi sodan, mutta säilyi   **a** puolestaan   **b** siitä huolimatta **c** sen sijaan itsenäisenä.

5 Suomesta alettiin muuttaa Ruotsiin,   **a** silti   **b** puolestaan **c** etenkin Tukholman seudulle.

6 Suomessa otettiin käyttöön euro vuonna 2002. Ruotsi   **a** puolestaan   **b** jopa **c** vastedes piti kruunun valuuttanaan.

7 Suomeen ei alettu tuoda viljaa ulkomailta.   **a** Päinvastoin   **b** Toistaiseksi **c** Siksi, Suomi alkoi viedä ruista ulkomaille.

Vocabulary

I Complete the sentences about the history of Finland with the words from the box.

hyväksyi	kehittyivät	keskiajalla	perusti
sisällissota	sodan	taistelivat	~~väestöä~~

1 Suomeen muutti <u>väestöä</u> nykyisen Venäjän alueelta ja Baltiasta.

2 Suomi oli osa Ruotsia _____.

3 Kustaa Vaasa _____ kaksi uutta kaupunkia, Tammisaaren ja Helsingin.

4 Venäjä ja Ruotsi _____ vaikutusvallasta Suomessa.

5 Venäjä voitti _____ Ruotsia vastaan.

6 Suomen kieli, talous ja kulttuuri _____ Venäjän vallan alla.

7 Suomen eduskunta _____ itsenäisyysjulistuksen 6. joulukuuta 1917.

8 Keväällä 1918 Suomessa oli _____, jossa työväestö eli punaiset ja porvarit eli valkoiset taistelivat toisiaan vastaan.

Reading

J Read the following text about the history of Finland and answer the question below.

Ketkä taistelivat Suomen sisällissodassa toisiaan vastaan?

_____

Itsenäisen Suomen historiaa

Suomesta tuli itsenäinen, kun maan eduskunta hyväksyi itsenäisyysjulistuksen 6. joulukuuta 1917. Keväällä 1918 Suomessa käytiin sisällissota, jossa työväestö eli punaiset ja maanomistajat ja porvarit eli valkoiset taistelivat toisiaan vastaan. Punaiset saivat apua Venäjältä, valkoiset puolestaan Saksasta. Sota päättyi toukokuussa 1918, kun valkoiset voittivat punaiset. Jotkut suomalaiset halusivat kuninkaan johtajaksi, mutta sen sijaan maa sai vahvan presidentin.

Marraskuun lopulla 1939 Neuvostoliiton armeija hyökkäsi Suomeen. Toisen maailmansodan aikana Suomi kävi Neuvostoliittoa vastaan kaksi sotaa: ensin talvisodan vuosina 1939–1940 ja sitten jatkosodan vuosina 1941–1944. Suomi soti myös Saksaa vastaan Lapin sodassa 1944-1945. Rauhansopimuksen ehtojen mukaan Suomi menetti 10 prosenttia alueestaan Neuvostoliitolle. Yli 400 000 suomalaista joutui lähtemään näiltä alueilta pois. Tätä muuttoa ja itse asiassa koko toista maailmansotaa voisi kuvata kansalliseksi traumaksi.

Suomi onnistui luomaan hyvät suhteet Neuvostoliittoon sekä lisäämään kauppaa myös länsimaiden kanssa. Ulkopolitiikassa Suomi joutui silti pitkään tasapainottelemaan Neuvostoliiton ja lännen välillä.

Sotien jälkeen Suomi muuttui maatalousmaasta teollisuusmaaksi. Toisin sanoen Suomi teollistui. Suomalaiset pystyivät myymään yhä enemmän teollisuuden tuotteita, kuten paperia, ulkomaille.

Suomalainen yhteiskunta muuttui. Alettiin muuttaa maalta kaupunkeihin, ja yhä useammat naiset alkoivat käydä töissä kodin ulkopuolella. Monet muuttivat Ruotsiin, etenkin Tukholman seudulle, töihin.

Neuvostoliitto romahti 1990-luvun alussa, ja Suomeen tuli talouskriisi eli lama. Monet menettivät siksi työpaikkansa. Nokian menestystarina kuitenkin auttoi maan taloutta. Vuonna 1995 Suomesta tuli Euroopan unionin jäsen. Jäsenyys oli tärkeä asia Suomelle sen vaikean menneisyyden ja geopoliittisen tilanteensa takia. Vuonna 2002 Suomessa otettiin käyttöön EU:n yhteinen raha, euro.

K   Now answer the following comprehension questions about the text.

1   Miksi Suomen itsenäisyyspäivä on 6. joulukuuta?

_____

2   Kuka voitti sisällissodan?

_____

3   Kuinka monta ihmistä joutui muuttamaan pois alueilta, jotka Suomi menetti?

_____

4   Mitä teollisuuden tuotetta Suomi myi ulkomaille?

_____

5   Mitä tapahtui vuonna 1995?

_____

6   Entä vuonna 2002?

_____

Writing

L   Write an encyclopedia-style description of an event in the history of a country, based on the model provided by the reading exercise. Write about the background and events in chronological order. Try to explain the events, drawing conclusions. Use cohesive devices and the passive where appropriate. Write about 80–100 words.

_____

_____

_____

_____

_____

_____

_____

_____

_____

_____

Self-check

Tick the box which matches your level of confidence.

1 = very confident   2 = need more practice   3 = not confident

Valitse taulukosta ruutu, joka vastaa taitojasi.

1 = osaan hyvin   2 = tarvitsen lisää harjoitusta   3 = en osaa vielä

	1	2	3
Use the past, perfect and pluperfect passives.			
Use the -masta/-mästä and -maan/-mään forms in an abstract context.			
Use various cohesive devices.			
Use vocabulary to describe historical events.			
Can read a detailed encyclopedia-style text about historical events. (CEFR B2)			
Can write a detailed encyclopedia-style text about historical events. (CEFR B2)			

13 Suomessa pullot voi palauttaa kauppaan

In Finland bottles can be returned to the shop

In this unit, you will learn how to:

✓ Use the conditional for polite requests and orders.

✓ Use the conditional and the conditional perfect to describe hypothetical situations.

✓ Use the generic clause.

CEFR: Can scan an informative text about recycling in order to locate desired information and understand relevant information (CEFR B1); Can give written advice and instructions on green living and a sustainable lifestyle (CEFR B1).

jätteet **kierrättää** keräyspiste
ympäristöystävällinen
kestävä yksityisautoilu lajitella
lähiruoka reilu kauppa luonnonvarat
säästyä **kulua** **vesi** tuhlata
sähkö

Meaning and usage

The conditional

1 The conditional -isi- is used in several ways. First of all it is used to make polite requests and to ask polite questions.

Saisinko kupin kahvia?	(Could I have a cup of coffee?)
Ottaisin teetä.	(I'd like to have tea.)
Voisitko auttaa minua?	(Could you help me?)
Sulkisitko oven.	(Please close the door.)

2 Secondly, the conditional is used for hypothetical situations. Note that the conditional is used also in the **jos** if it is a sentence where English would use a past tense.

Kierrättäisin enemmän, jos kierrätyspiste olisi lähempänä.	(I'd recycle more if the recycling point was closer.)
Mitä tekisit, jos voittaisit miljoona euroa lotossa?	(What would you do if you won a million euros in the lottery?)

The conditional is also used in exclamations, for example **Kunpa olisi jo kesä!** *(Wish it was summer already!)* **Paistaisipa aurinko!** *(I wish the sun was shining!)*

A   Write the affirmative and negative conditional forms of the verbs provided.

		Affirmative	Negative
1	asua, minä	asuisin	en asuisi
2	olla, sinä		
3	osata, hän		ei osaisi
4	valita, me	valitsisimme	
5	juoda, te		ette joisi
6	mennä, minä	menisin	
7	kuunnella, sinä		
8	levätä, hän		ei lepäisi

How to form the conditional

1   The conditional marker is -**isi**-. It is added to the third-person plural stem, for example **ottavat** (*they take*) > **otta**-. Therefore the conditional forms are always in the strong grade. The negative forms consist of the negative word and the conditional stem, that is the verb with the conditional ending without the person suffix.

ottaisin	(*I would take*)	en ottaisi	(*I wouldn't take*)
ottaisit	(*you (sg.) would take*)	et ottaisi	(*you (sg) wouldn't take*)
ottaisi	(*he/she/it would take*)	ei ottaisi	(*he/she/it wouldn't take*)
ottaisimme	(*we would take*)	emme ottaisi	(*we wouldn't take*)
ottaisitte	(*you (pl.) would take*)	ette ottaisi	(*you (pl) wouldn't take*)
ottaisivat	(*they would take*)	eivät ottaisi	(*they wouldn't take*)

2   The negative forms consist of the negative word and the conditional stem, that is the verb with the conditional ending without the person suffix.

en ottaisi   (*I wouldn't take*)

et joisi   (*you wouldn't drink*)

3   **Verb type 1:** the vowels **a**, **ä**, **o**, **u**, **y** and **ö** stay, vowels **e** and **i** are deleted. For example: **nukkuisin** (*I would sleep*) but **oppisin** (*I would learn*) from **nukku-vat** (*they sleep*) and **oppi-vat** (*they learn*), respectively.

4 **Verb type 2:** like in the past tense the first of two vowels is deleted, for example **syö-vät** (*they eat*), **söisin** (*I would eat*); **vie-vät** (*they take (something somewhere)*), **veisin** (*I would take*). If the vowel combination ends in **i**, the **i** is deleted, e.g. **ui-vat** (*they swim*), **uisin** (*I would swim*). If the same vowel appears twice, one is deleted: **saa-vat** (*they get*), **saisin** (*I would get*).

5 **Verb type 3:** the **e** is deleted, e.g. **opiskele-vat** (*they study*), **opiskelisin** (*I would study*).

6 **Verb type 4:** if there is **a/ä** twice at the end of the verb, one vowel is deleted, e.g. **pelaa-vat** (*they play*), **pelaisin** (*I would play*). One **a/ä** stays: **siivoa-vat** (*they clean*), **siivoaisin** (*I would clean*).

7 **Verb type 5:** the **e** is deleted: **tarvitse-vat** (*they need*), **tarvitsisin** (*I would need*).

8 **Verb type 6:** the **e** is deleted: **vanhene-vat** (*they age*), **vanhenisin** (*I would get old*).

9 Note that the only irregular verb is **käydä**: the conditional stem is **kävi-**, for example **kävisin** (*I would go/visit*).

Note that Finnish has just one word where English has three: **ostaisin** (*I would buy*).

B **Complete the questions with conditional forms of the verbs in the box.**

~~avata~~	haluta	istua	olla	saada	sanoa	viedä	voida

1 <u>Avaisitko</u> ikkunan?

2 _____ ko auttaa minua?

3 _____ ko minä lisää maitoa?

4 Minä _____ tietää lisää asiasta.

5 _____ kö sinä roskat ulos?

6 _____ ko vielä nimesi?

7 _____ ko teillä aikaa vastata pariin kysymykseen?

8 _____ alas.

C **Change the sentences into the conditional.**

1 Jos voitan lotossa, ostan uuden asunnon. > *Jos voittaisin lotossa, ostaisin uuden asunnon.*

2 Maksan pois opintolainani. > _____

3 Vien perheeni ulos syömään. > _____

4   Matkustan maailman ympäri. > _____

5   Investoin rahaa. > _____

6   Annan rahaa hyväntekeväisyyteen. > _____

7   Vaihdan vanhan auton uuteen. > _____

8   En jatka työntekoa. > _____

For extra practice, write down a situation as sentences in the conditional, for example **jos löytäisin kadulta lompakon, veisin sen poliisiasemalle** *(if I found a wallet in the street, I would take it to the police station) or* **jos olisin kuuluisa, käyttäisin aina aurinkolaseja** *(if I was famous I would always wear sunglasses).*

Meaning and usage

The conditional perfect

1   The conditional perfect is used to indicate that something could have happened or could not have happened. It is like a hypothetical past tense as the following examples show:

<u>Olisin ostanut</u> luomuruokaa, jos minulla olisi ollut rahaa.   *(I would have bought organic food, if I had had the money.)*

<u>Emme olisi myöhästyneet</u>, jos <u>olisimme tulleet</u> taksilla.   *(We wouldn't have been late if we had come by taxi.)*

2   The conditional perfect consists of the verb **olla** (*to be*) in the conditional, either affirmative or negative, and a verb form ending in -**nut**/-**nyt** in the singular and -**neet** in the plural (the past active participle). For example:

olisin sanonut   *(I would have said)*

olisimme sanoneet   *(we would have said)*

en olisi sanonut   *(I wouldn't have said)*

emme olisi sanoneet   *(we wouldn't have said it)*

3   The participle is formed by adding the -**nut**/-**nyt** or -**neet** to the infinite stem; -**nut** is used with back vowels and -**nyt** with front vowels, -**neet** is used in the plural. The infinitive marker is removed and the suffix is added there instead. In verb type 3 there is assimilation: the **n** becomes the same consonant as at the end of the verb. In verb types 4, 5 and 6 the **n** is doubled. For example: **sanoa** (*to say*) > **sanonut, sanoneet**; **tul-la** (*to come*) > **tul-lut, tulleet.**

4   The verb **tietää** (*to know*) has two parallel interchangeable participle forms: **tietänyt, tietäneet** and **tiennyt, tienneet.**

D   Translate the following phrases.

1   I would've called > _olisin soittanut_
2   you (sg.) would've run > _____
3   s/he would've laughed > _____
4   we would've eaten > _____
5   they would've made > _____
6   you (sg.) wouldn't have studied > _____
7   s/he would've have gone > _____
8   you (pl.) wouldn't have read > _____

E   Change the following sentences from the conditional to the conditional perfect.

1   Jos voittaisin lotossa, ostaisin asunnon. > _Jos olisin voittanut lotossa, olisin ostanut asunnon._
2   Opiskelijat oppisivat enemmän, jos he kertaisivat kotona. > _____
3   Lapsi söisi ruoan loppuun, jos hänellä olisi nälkä. > _____
4   Sanoisin "hei", jos huomaisin sinut. > _____
5   Veisin pullot kauppaan, jos se olisi lähempänä. > _____
6   Me osaisimme konditionaalin, jos harjoittelisimme enemmän. > _____
7   He tulisivat ajoissa, jos eivät eksyisi. > _____

Meaning and usage

Generic clause

1   A generic clause expresses generic occurrences, what *one does* or what *you do*. The verb in a generic clause has no subject and they are in the third-person singular. Verbs that typically appear in the clause are **saa** (*one is allowed to*), **voi** (*one is allowed to*), **täytyy/pitää/on pakko** (*one has to*) and **kannattaa** (*it is worth it, it is a good idea, it pays off*). Other verbs are also possible.

Täällä ei saa tupakoida.	(*One is not allowed to smoke here.*)
Jätteet täytyy lajitella.	(*Waste has to be sorted.*)
Kannattaa ostaa vaatteita kirpputorilta.	(*It is a good idea to buy clothes at the flea market.*)
Jos näkee karhun, ei saa katsoa sitä silmiin.	(*If you see a bear, you're not allowed to look it in the eyes.*)

2   Sometimes generic clauses are in the conditional and a dummy subject **sitä** (*it*) may appear in the subject slot. The implication appears to be that the person using the sentence is talking about themselves.

Jos sitä olisi rikkaampi, niin matkustaisi enemmän.	(*If one was richer, then one would travel more.*)
Jos sitä jäisi työttömäksi, olisi kiva alkaa opiskella jotakin.	(*If one became unemployed, it would be nice to begin to study something.*)

F Form generic clauses with the words provided.

1 kirjasto - saada (neg.) - syödä → <u>Kirjastossa ei saa syödä.</u>
2 paristot - täytyä - viedä - keräyspiste → _____
3 ennen - baari - saada - polttaa - sisällä → _____
4 muovi - täytyä - valitettavasti - polttaa → _____
5 vanhat - urheiluvälineet - tarvita (neg.) - heittää - pois → _____
6 kannattaa - kulkea - lyhyt - matka - jalan - tai - pyörä → _____
7 jos - haluta - elää - ympäristöystävällisesti - täytyä - yrittää - kuluttaa -
   vähemmän → _____

Vocabulary

G Complete with the words from the box.

ilmansaasteita	jätteen	keräysastioihinsa	kestävä
~~kirpputorilta~~	kuluttaa	lajitellaan	luomuruokaa

1 On hyvä idea ostaa vaatteet <u>kirpputorilta</u>.
2 _____ elämäntapa lisää hyvän elämän mahdollisuuksia myös tuleville sukupolville.
3 Kierrätys vähentää _____ määrää.
4 Yksityisautoilu lisää _____.
5 Suihkussa käyminen _____ vähemmän vettä kuin kylvyssä käyminen.
6 Jätteet _____ eri astioihin.
7 Me syömme niin usein kuin mahdollista kotimaista _____.
8 Paperi, lasi ja muovi viedään omiin _____.

H Combine the beginnings and ends of these sentences about sustainable living.

1 Jos sammuttaisin valot,   a säästyisi vettä.
2 Jos kävisin suihkussa enkä kylvyssä,   b olisi ilmanlaatu parempi.
3 Jos veisin tyhjät pullot kauppaan,   c saisivat tuottajat oikeudenmukaisen hinnan.
4 Jos kaikki pyöräilisivät tai kävelisivät töihin, d kuluisi vähemmän sähköä.
5 Jos söisimme lähiruokaa,   e ei huonelämpötilan tarvitsisi olla niin korkea.
6 Jos ostaisimme reilun kaupan tuotteita,   f syntyisi vähemmän turhaa vaatejätettä.
7 Jos ostaisimme vaatteita kirpputorilta,   g olisivat ruoan kuljetuksen päästöt pienemmät.
8 Jos pukeutuisimme riittävän lämpimästi,   h saisin pantin takaisin.

I Choose the odd one out

1 lähiruoka	luomuruoka	liharuoka	kasvisruoka
2 jäte	saaste	roska	pantti
3 reilu	polttoaine	vesi	sähkö
4 paperi	kivi	metalli	lasi
5 kulutus	säästö	kierrätys	uudelleenkäyttö
6 kirpputori	kierrätyspiste	kirjasto	kauppa
7 lajitella	polttaa	kierrättää	auttaa

 # Reading

J Read the first part of the text about recycling and answer the question.

Millaiseen elämäntapaan kierrätys kuuluu?

_____

Kierrätys on tärkeä osa vihreää elämäntapaa. Biojäte voidaan kierrättää kompostoimalla. Multaa voi käyttää kasvien kasvattamiseen ja biokaasusta saadaan energiaa.

Suomessa lasipullojen palautusaste on lähes 100%. Pulloista saa pantin, ja ne täytetään uudelleen keskimäärin 33 kertaa. Alumiinitölkit ja muovipullot palautetaan myös kauppoihin.

Asuinalueilla on keräyskontteja paperille ja keräyskartongille tai -pahville. Paperinkeräyskonttiin saa laittaa kaiken puhtaan ja kuivan mainospostin ja postin tuoman paperin, jossa ei ole foliota, muovia, vahaa tai muuta sopimatonta materiaalia.

Metallinkeräysastiat on tarkoitettu kotitalouksien pienmetallille. Muovi Suomessa yleensä poltetaan. Käytettyjä paristoja ja pienakkuja voi palauttaa kaikkiin niitä myyviin liikkeisiin.

Hyväntekeväisyysjärjestöt keräävät kierrätyspisteissään puhtaita ja uudelleen käyttöön kelpaavia vaatteita. Vaatteet menevät kehitysmaihin ja muille apua tarvitseville. Osa vaatteista myydään ja tuotto käytetään avustustyöhön kotimaassa sekä ulkomailla.

Vuoden 2016 alusta alkaen Suomessa vaatetekstiilejä ei saa enää viedä kaatopaikalle.

K Now answer the following reading comprehension questions about the text.

1 Kuinka suuri prosentti lasipulloista tuodaan takaisin kauppoihin?

_____

2 Kuinka monta kertaa lasipullo käytetään uudelleen?

_____

3 Mitkä muut tuotteet voi viedä takaisin kauppaan?

_____

4 Mitä muoville tehdään yleensä Suomessa?

_____

5 Mihin käytetyt paristot ja pienakut voi palauttaa?

_____

6 Mitä hyväntekeväisyysjärjestöt keräävät?

_____

L Complete with words from the box, based on the text.

elämäntapaa	kaatopaikalle	keräyskontteja	kierrättää
käytettyjä	palautusaste	pantin	

1 Kierrätys on tärkeä osa vihreää _____.
2 Biojäte voidaan _____ kompostoimalla.
3 Suomessa lasipullojen _____ on lähes 100%.
4 Pulloista saa _____.
5 Asuinalueilla on _____ paperille.
6 _____ paristoja voi palauttaa kaikkiin niitä myyviin liikkeisiin.
7 Vuoden 2016 alusta alkaen Suomessa vaatetekstiilejä ei saa enää viedä _____.

Writing

M Write to someone who has just moved to Finland and is not familiar with sustainable living. Give advice on recycling, electricity, water and flea markets. Use the conditional where appropriate. The answer key contains a sample answer. Write your own text first and then look at the suggested wording. Write about 90–110 words.

_____

_____

_____

_____

_____

_____

_____

_____

_____

_____

_____

Self-check

Tick the box which matches your level of confidence.

    1 = very confident;   2 = need more practice;   3 = not confident

Valitse taulukosta ruutu, joka vastaa taitojasi.

    1 = osaan hyvin;   2 = tarvitsen lisää harjoitusta;   3 = en osaa vielä

	1	2	3
Use the first conditional for polite requests and orders.			
Use the first and second conditional to describe hypothetical situations.			
Use the generic clause.			
Can scan a text about recycling in order to locate desired information and understand relevant information. (CEFR B1)			
Can give advice and instructions on green living and a sustainable lifestyle. (CEFR B1)			

14 Kylpylässä on yksi Suomen pisimmistä vesiliukumäistä

The water park has one of Finland's longest water slides

In this unit, you will learn how to:

✓ Use plural forms of the local cases.

✓ Use local cases with common verbs.

✓ Use less common conjunctions.

✓ Use travel and tourism vocabulary.

CEFR: Can read travel blogs (CEFR B1); Can write a travel blog describing your experiences (CEFR B1).

passi porosafari kylpylä
vuokrata nähtävyys opas
retki matkailu tulli risteily lähtöselvitys
matkavakuutus rokote
viisumi linna lentokone matkustaa

Meaning and usage

Plural forms

1   The plural is used much like the English plural to express the plurality of nouns, adjectives, numerals and pronouns. The plural marker -i- is placed between the word stem and the grammatical ending. There are no irregular plural forms.

 A   Change the singular forms into plural forms, based on the words provided.

vuodessa	vuosissa	mustikasta	
omenasta	omenoista	näyttelijälle	
asiakkaalta		rakkaudesta	
ystävällä		banaanista	banaaneista
pojalla		baarissa	
ostajalla	ostajilla	leipomosta	
lentokoneella		pullossa	pulloissa
teessä		yllätyksestä	
lattialla	lattioilla	järvessä	

2 The plural marker -i- is added between the rounded vowels **o, ö, u** and **y**.

Noun	Translation	Singular stem	Plural stem
pullo	(bottle)	pullo-	pulloi-
hylly	(shelf)	hylly-	hyllyi-

3 The plural -i- marker usually deletes the vowels **a, ä** and **e** from the end of the stem.

Noun	Translation	Singular stem	Plural stem
asema	(station)	asema-	asemi-
järvi	(lake)	järve-	järvi-
suomalainen	(Finnish, Finn)	suomalaise-	suomalaisi-

4 Loan words ending in -i- have the following plural stems.

Noun	Translation	Singular stem	Plural stem
turisti	(tourist)	turisti-	turistei-
baari	(bar)	baari-	baarei-

5 If the stem ends in two vowels, one of the vowels is deleted.

Noun	Translation	Singular stem	Plural stem
maa	(land, country)	maa-	mai-
huone	(room)	huonee-	huonei-

6 Single syllable words ending in two vowels lose the first vowel.

Noun		Singular stem	Plural stem
työ	(work, job)	työ-	töi-

7 Words like **uusi** *new* have the following plural stem.

Noun	Translation	Singular stem	Plural stem
uusi	(new)	uude-	uusi-

8 Words that have two syllables and have **a, e** and **i** in the first syllable and **a** in the second syllable have a vowel change: the final a becomes an o when the plural marker is added.

Noun	Translation	Singular stem	Plural stem
vanha	(old)	vanha-	vanhoi-
teema	(theme)	teema-	teemoi-
kirja	(book)	kirja-	kirjoi-

9   Words ending in **-kka/-kkä, -la/-lä, -ia, -ija/-ijä** and **-na/-nä** have a similar vowel change when the plural **-i-** is added: both the final **a** and **ä** become **o** and **ö**, respectively. Note that this only applies to nouns and not to adjectives: the plural stem of **kamala** (*terrible*) is still **kamali-**.

Noun	Translation	Singular stem	Plural stem
mansikka	(*strawberry*)	mansika-	mansikoi-
kahvila	(*café*)	kahvila-	kahviloi-
peruna	(*potato*)	peruna-	perunoi-

10 Abstract nouns have the following stems.

Noun	Translation	Singular stem	Plural stem
ystävyys	(*friendship*)	ystävyyde-	ystävyyksi-

11 The plural stem has the same grade as the singular stem, e.g. **pöytä** (*table*), **pöydä-**, **pöydi-** or **rikas** (*rich*), **rikkaa-**, **rikkai-**. Note that the illative, partitive and genitive plural always have the strong grade, e.g. **pöytiin, pöytiä** and **pöytien**.

B   **Complete with the correct plural form of the word in brackets.**

1   Käytteko usein *museoissa* (museo) tai *näyttelyissä* (näyttely)?
2   _____ (opiskelija) ja _____ (opettaja) oli paljon keskusteltavaa.
3   Puhuimme _____ (moni mielenkiintoinen asia).
4   _____ (uusi matkaopas) oli enemmän kuvia.
5   Turistit viihtyvät _____ (suomalainen sauna).
6   Lomalla ei tarvitse käydä _____ (pankki) tai _____ (posti).
7   Nuoret tulevat kouluun yleensä _____ (pyörä) tai _____ (bussi).
8   En ollut kuullut lentoyhtiön _____ (upea tarjous).

*Finnish plural forms take time to learn. Make sure you know your singular stems and then learn the plural forms or stems one noun type at a time. For example, look at **e**-stems or **nen**-stems. Learn one example word from each type. You could also simply increase input, that is hear, listen to and read more Finnish so that you are exposed to the forms and store them in your brain as units.*

Illative plural

12 The illative plural has three endings. If the plural stem ends in two vowels the illative plural is **-in**.

Plural stem	Illative plural	Translation
pöydi-	pöytiin	(*into the tables*)
asemi-	asemiin	(*into the stations*)

13 If the plural stem ends in two vowels, the illative plural ending is **-hin**.

Plural stem	Illative plural	Translation
taloi-	taloihin	(into the houses)
kahviloi-	kahviloihin	(into the cafés)

14 The following stem types have an illative in **-siin**.

	Plural stem	Illative plural	Translation
e-stems	huonei-	huoneisiin	(into the rooms)
as-stems	rikkai-	rikkaisiin	(into the rich ones)
is-stems	kallii-	kalliisiin	(into the expensive ones)
nut/nyt-stems	väsynei-	väsyneisiin	(into the tired ones)
ea/eä-stems	vaikei-	vaikeisiin	(into the difficult ones)

15 The illative plural has the strong grade.

C **Choose a suitable phrase from the box and use it in the illative plural.**

> epäkohtelias tarjoilija   eksoottinen maa   metsä ja järvi   moni konferenssi
> ~~mukava turisti~~   romanttinen kaupunki   vaikea tilanne   vanha linna

1 Tutustuimme matkalla muihin _mukaviin turisteihin_. Olemme nyt Facebook-kavereita.
2 Matkustitko _____ vai vain Euroopassa?
3 Hän ihastui Suomessa _____.
4 Olen täysin kyllästynyt _____ keskustan ravintoloissa.
5 Professori osallistui _____.
6 Häämatkalla haluaisin mennä _____, kuten Venetsiaan ja Pariisiin.
7 Ystäväni on kiinnostunut historiasta. Hän haluaisi tutustua _____.
8 Jouduitteko lomalla _____ vai menikö kaikki hyvin?

Meaning and usage

Verbs and cases

1 Verbs take certain case endings. Here is a selection of frequently used verbs. The following verbs take the **-sta/-stä** ending:

nauttia (to enjoy), **olla kiinnostunut** (to be interested in), **puhua** (to speak about), **pitää** (to like).

2 The following verbs take the illative (**-Vn, -hVn, -seen**) ending:

ihastua (to fall in love with, to be enchanted by, to have a crush on), **joutua** (to end up in), **kuulua** (to belong to, to be included in), **kyllästyä** (to be bored with, to be sick of), **liittyä** (to join, to be connected with), **osallistua** (to take part), **rakastua** (to fall in love with), **tutustua** (to get to know, to familiarize oneself), **vastata** (to answer (a question/query)).

3   The following verbs take the ending -lta/-ltä: **haista** (*to smell like* (*bad or neutral smell*)), **kuulostaa** (*to sound like*), **maistua** (*to taste like*), **näyttää** (*to look like*), **tuntua** (*to feel like*), **tuoksua** (*to smell like* (*good scent*)), **vaikuttaa** (*to seem like*).

D   Add the correct endings to the nouns/adjectives in brackets.

1   Nautimme parvekkeella <u>lämmöstä</u> (lämpö).

2   Tämä hotelli vaikuttaa _____ (sopiva).

3   Aamiainen ja sauna kuuluvat hotellin _____ (hinta).

4   Täällä haisee _____ (tupakka).

5   Ehditkö tutustua Itä-Suomen _____ (maisemat) yhtään?

6   Olen aivan kyllästynyt tähän _____ (sää)!

7   Reissun jälkeen kaikki tuntui _____ (outo).

8   Vastasin väärin _____ (kysymys).

Meaning and usage

Less common conjunctions

1   A set of less commonly used conjunctions are:

ikään kuin (*as if*), **jahka** (*as soon as*), **joko...tai** (*either...or*), **joskin** (*albeit*), **jollei** (*unless*), **kunhan** (*as long as*), **nimittäin** (*namely*), **paitsi** (*except for*), **sekä...että** (*both...and*), **sillä** (*as, since, because*).

E   Complete with the appropriate conjunction.

1   Sähköautot ovat vakiinnuttamassa paikkansa – <u>joskin</u> hitaasti

2   Nyt täytyy tehdä jotain radikaalia: _____ vaihdan työtä _____ muutan ulkomaille.

3   Olen käynyt kaikissa Välimeren maissa, _____ Kreikassa.

4   Me pidämme _____ rantalomista _____ kaupunkilomista.

5   Mitä tahansa voi saavuttaa, _____ vain yrittää.

6   Linna sortuu, _____ sitä pian korjata.

7   Suljemme ravintolan, _____ nuo vieraat ymmärtävät lähteä kotiinsa.

8   Opas puhui meille _____ me emme osaisi englantia.

Vocabulary

F Complete with the correct word from the box.

kiertoajelulle	käsimatkatavarat	lähtöselvitys	majoitus
matkavakuutus	~~passi~~	portilla	rokotteet

1 Venäjän rajalla täytyy näyttää _passi_ ja viisumi.
2 Lontoossa monet turistit menevät _____ bussilla.
3 _____ täytyy tehdä viimeistään tunti ennen lennon lähtöaikaa.
4 Muista olla ajoissa _____, jotta et myöhästy lennolta.
5 Kun menen kaupunkilomalle, otan mukaan vain _____ .
6 Varaa _____ etukäteen. Tarjolla on hotelleja, leirintäalueita, retkeilymajoja ja mökkikyliä.
7 Ennen matkaa on hyvä tarkistaa, että _____ ovat voimassa.
8 _____ turvaa sekä sinut että matkatavarasi.

G Match the words with the descriptions.

1 *tuliainen*
2 nähtävyys
3 risteily
4 opas
5 retki
6 tulli
7 valuutta
8 matkalaukku

a tätä kannattaa vaihtaa ennen matkaa, esim. dollari tai euro
b ihminen, joka kertoo kiertoajelulla paikan historiasta
c *lahja, jonka ystävä tuo mukanaan sinulle matkalta*
d täällä tarkistetaan, että onko sinulla mukana huumeita, lihaa tai antiikkia
e pieni päivämatka vaikkapa vuorelle, rannalle tai toiseen kaupunkiin
f paikka tai rakennus, jota kannattaa käydä katsomassa
g tänne laitat vaatteet, kengät ja muut matkatavarat
h matka, joka tehdään isolla laivalla esimerkiksi Karibialla tai Suomen ja Ruotsin välillä

H Complete the travel-related text snippets with suitable words from the box.

hengen	kysellyt	käy	mahdollista	~~puoleen~~	vapaita

1 Hotellissamme on nyt syystarjous: kylpyläpaketti _puoleen_ hintaan. Tarjoukseen kuuluu kahden _____ huone tai perhehuone, seisova pöytä ravintolassamme sekä päivä kylpylässä.
2 Olisin _____ teidän porosafareistanne. Onko teillä _____ paikkoja tänä viikonloppuna? Mitä kahden tunnin safari maksaa? Tarjoillaanko meille päivän aikana ruokaa?
3 Olisiko _____ vuokrata autoa perjantai-illasta maanantaiaamuun? Saavumme Rovaniemelle huomenillalla. Palauttaisimme auton Kemijärvelle. Pienempikin henkilöauto _____ .

 **Reading**

I   **Read the following travel blog and answer the question below.**

Missä Kuopio sijaitsee?

_____

   www.matkablogeja.fi

Kuopion-matka

Matkustimme eilen perheen kanssa minilomalle Kuopioon Itä-Suomeen Saimaan rannalle. Tässä ideoita lapsiperheille ja kuvia matkalta.

Kuopiossa on useita luontopolkuja. Luontopolulla saat liikuntaa ja samalla voit oppia luontoon liittyvistä asioista. Kaikki polut on merkitty opasteilla, mikä tekee kävelystä helppoa. En kuitenkaan suosittelisi Puijon polkua huonokuntoisille.

Kävimme myös kylpylässä. Sieltä löytyy kaikkea: vesileikkejä lapsille, kuntosali ja vesijumppaa aktiivisille sekä erilaisia hoitoja niitä kaipaaville. Kylpylä sijaitsi kuvankauniin Kallaveden rannalla. Lapset olivat innoissaan: kylpylässä on yksi Suomen pisimmistä vesiliukumäistä. Viihdyimme kylpylässä koko päivän.

J   **Based on what you have read, choose the correct answer.**

1   Mitä blogista löytyy kirjoittajan mukaan?   **a** Ideoita lapsille.   **b** Valokuvia reissusta.
c Ajatuksia matkustamisesta.

2   Mitä luontopolulla tapahtuu?   **a** Luontopolulla kastuu helposti.   **b** Luontopolulla voi kaatua.   **c** Luontopolulla saa tietoa luonnosta.

3   Miksi luontopolulla on helppo kävellä?   **a** Siellä on kyltit.   **b** Siellä on hyvä tie.
c Siellä on vähän ihmisiä.

4   Kenen ei kannata mennä Puijon luontopolulle?   **a** Lapsiperheiden.   **b** Aktiivisten.
c Huonossa kunnossa olevien.

5   Mitä kylpylässä voi tehdä?   **a** Käydä kuntosalilla.   **b** Jättää lapset lapsenvahdille.
c Uida Kallavedessä.

K Now read the rest of the text and answer the comprehension questions below.

Oli ihana kuulla Kuopion murretta, ja tietysti kävimme syömässä kuuluisaa kalakukkoa torin laidalla. Pidin myös muista kauppahallin leipomotuotteista, kuten ohrarieskasta. Kauppatorilla tuoksui ihanalta!

Olen yleensä kiinnostunut museoista, mutta lasten kanssa niissä oli hankala käydä. Täytyy tulla takaisin yksinäni joskus ja tutustua esimerkiksi ortodoksiseen kirkkomuseoon ja kirjailija Minna Canthin huoneeseen.

Me matkustimme Kuopioon autolla, mikä oli kätevin ja edullisin vaihtoehto lasten kanssa. Matka kulki alueen pääväylää Valtatie 5:tä pitkin. Noin 400 kilometrin matka meni yllättävän nopeasti, koska nautimme lomatunnelmasta jo matkalla.

Kuopioon voi myös matkustaa lentokoneella. Lentoasema sijaitsee vain 14 kilometriä kaupungin keskustasta. Lentomatka pääkaupungista kestää 45 minuuttia. Juna kuljettaa matkailijoita Kuopion ja Helsingin välillä noin kymmenen kertaa päivässä, nopeimmillaan Pendolino-junalla neljässä tunnissa.

1 Mitä kuopiolaisia herkkuja perhe söi?

_____

2 Mihin kahteen museoon kirjoittaja haluaa mennä seuraavalla kerralla?

_____

3 Miksi he matkustivat Kuopioon autolla?

_____

4 Kuinka nopeasti Kuopioon pääsee lentokoneella?

_____

5 Kuinka nopea juna on?

_____

✏️ Writing

L   Write a travel blog entry. Describe what you did during the day, where you went, what you got to know, what you enjoyed, what things looked and seemed like, what was included in the price, what you would recommend, etc. Follow the model provided by the reading exercise. You may also want to use the following prompts. Write about 100–120 words.

- ▶ Päivällä
- ▶ Kävin
- ▶ Tutustuin
- ▶ Nautin

- ▶ … näytti
- ▶ … kuului hintaan.
- ▶ Suosittelisin

_____

_____

_____

_____

_____

_____

_____

_____

_____

Self-check

Tick the box which matches your level of confidence.

1 = very confident   2 = need more practice   3 = not confident

Valitse taulukosta ruutu, joka vastaa taitojasi.

1 = osaan hyvin   2 = tarvitsen lisää harjoitusta   3 = en osaa vielä

	1	2	3
Use plural forms of the local cases.			
Use local cases with common verbs.			
Use less common conjunctions.			
Use travel and tourism vocabulary.			
Can read travel blogs. (CEFR B1)			
Can write a travel blog describing your experiences. (CEFR B1)			

15 Suomessa on karhuja, susia ja ilveksiä

There are bears, wolves and lynxes in Finland

In this unit, you will learn how to:

✓ Use the plural partitive.

✓ Use the plural forms of the relative pronoun *joka*.

CEFR: Can scan a longer encyclopedia-style text about Finnish nature for specific pieces of information (CEFR B1); Can write an encyclopedia-style article about the flora, fauna and landscape in a certain place (CEFR B1).

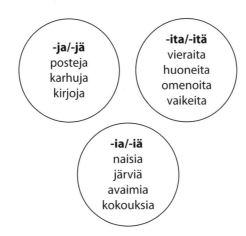

-ja/-jä
posteja
karhuja
kirjoja

-ita/-itä
vieraita
huoneita
omenoita
vaikeita

-ia/-iä
naisia
järviä
avaimia
kokouksia

Meaning and usage

Partitive plural

1 The partitive plural is an indefinite plural. It is used as an object.

Ostimme **porkkanoita**, **perunoita** ja **mansikoita** torilta.	(*We bought carrots, potatoes and strawberries at the market.*)
Näin Suomessa upeita **järviä** ja **tuntureita**.	(*I saw amazing lakes and mountains in Finland.*)

2 In negative sentences a plural object can only be in the partitive plural.

Tapasin **ystävät** kaupungilla.	(*I met my friends in town.*)
En tavannut **ystäviä** kaupungilla.	(*I didn't meet my friends in town.*)

3 The partitive plural is the subject in existential (*there is/are*) clauses.

Suomessa on <u>susia</u> ja <u>karhuja</u>.	(*There are wolves and bears in Finland.*)
Maassa on <u>lehtiä</u>.	(*There are leaves on the ground.*)

4 The partitive plural is also the subject in *I have* (habitive) clauses.

Hänellä on sekä <u>lehmiä</u> että <u>lampaita</u>.	(*He/she has both cows and sheep.*)
Minulla olisi tässä <u>pullia</u> kaikille.	(*I have some buns here for everyone.*)

5 The form is often used with **paljon** (*a lot*).

Onpa täällä paljon <u>hyttysiä</u>!	(*There are a lot of mosquitos here!*)
Meillä on paljon <u>suomalaisia</u> <u>ystäviä</u>.	(*We have a lot of Finnish friends.*)

6 When the subject is plural the predicative, i.e. the noun or adjective after the verb **olla** (*to be*), is in the partitive plural.

He ovat <u>opiskelijoita</u>.	(*They are students.*)
Karhut ovat <u>suuria</u>.	(*Bears are big.*)

> *Some Finnish idioms feature animals and plants. For example,* **karhunpalvelus** *(bear's service) is a disservice,* **ei olla jäniksen selässä** *(we're not on a hare's back) means that you are in no immediate hurry,* **susi lammasten vaatteissa** *is a wolf in sheep's clothing,* **ei ole eilisen teeren poika** *(isn't a son of yesterday's grouse) means that someone is no fool,* **kuin kaksi marjaa** *(like two berries) means like two peas in a pod, and* **päin mäntyä** *(against a pine tree) means totally wrong.*

A **Figure out the rule for partitive plural by continuing the lists with the word in brackets.**

1 poikia, kyniä, rouvia, (pöytä) _____
2 pubeja, pankkeja, posteja, (banaani) _____
3 päärynöitä, mustikoita, kahviloita, (makkara) _____
4 mattoja, karhuja, laukkuja, (talo) _____
5 saunoja, kissoja, sanoja, (pala) _____
6 opiskelijoita, näyttelijöitä, tarjoilijoita, (hakija) _____
7 kamalia, ihania, opettajia, (asema) _____
8 koneita, osoitteita, vaatteita, (aste) _____
9 rikkaita, kalliita, kauniita, (vieras) _____
10 numeroita, museoita, koteloita, (video) _____
11 englantilaisia, naisia, ulkomaalaisia, (ruotsalainen) _____
12 suuria, pieniä, kieliä, (saari) _____
13 avaimia, istuimia, puhelimia, (keitin) _____
14 vuosia, uusia, lapsia, (susia) _____
15 kavereita, lääkäreitä, tuomareita, (leipuri) _____
16 makeita, vaikeita, tärkeitä, (vaalea) _____

How to form the partitive plural

1 The partitive ending is -a/-ä when the plural stem ends in one vowel. This happens when the plural -i- marker deletes the vowels **a**, **ä** and **e** from the end of the stem. The partitive plural has strong grade.

Noun	Translation	Singular stem	Plural stem	Partitive plural
asema	(*station*)	asema-	asemi-	asemia
järvi	(*lake*)	järve-	järvi-	järviä
suomalainen	(*Finnish, Finn*)	suomalaise-	suomalaisi-	suomalaisia
kokous	(*meeting*)	kokokse-	kokouksi-	kokouksia

2 The partitive marker is -**ta**/-**tä** when the plural stem ends in two vowels.

Noun	Translation	Singular stem	Plural stem	Partitive plural
maa	(*land, country*)	maa-	mai-	maita
huone	(*room*)	huonee-	huonei-	huoneita
vaikea	(*difficult*)	vaikea-	vaikei-	vaikeita
työ	(*work*)	työ-	töi-	töitä
mansikka	(*strawberry*)	mansikoi-	mansikoi-	mansikoita
peruna	(*potato*)	peruna-	perunoi-	perunoita

3 Words with two syllables and a rounded vowel **o**, **ö**, **u** and **y** in the plural stem and loan words ending in -**i** have a partitive plural in -**ja**/-**jä**.

Noun	Translation	Singular stem	Plural stem	Partitive plural
hattu	(*hat*)	hatu-	hatui-	hattuja
vanha	(*old*)	vanha-	vanhoi-	vanhoja
kirja	(*book*)	kirja-	kirjoi-	kirjoja
baari	(*bar*)	baari-	baarei-	baareja
turisti	(*tourist*)	turisti-	turistei-	turisteja

B **Change the partitive singular forms to partitive plural forms with *paljon*.**

1 monta kuusta, koivua ja mäntyä → <u>paljon kuusia, koivuja ja mäntyjä</u>

2 monta kissaa, koiraa ja hevosta → _____

3 monta omenaa, banaania ja appelsiinia → _____

4 monta kirjettä, korttia ja viestiä → _____

5 monta järveä, vuorta ja metsää → _____

6 monta taloa, mökkiä ja asuntoa → _____

7 monta ystävää, kaveria ja tuttua → _____

8 monta lasta, miestä ja naista → _____

C Change the singular sentences into plural.

1 Päivä on pitkä. → *Päivät ovat pitkiä.*   2 Susi on vaarallinen. → _____

3 Joki on matala. → _____   4 Karhu on ruskea. → _____

5 Poika on kiva. → _____   6 Järvi on syvä. → _____

7 Lapsi on iloinen. → _____   8 Vuori on korkea. → _____

D Use a partitive plural of the word in brackets.

1 Puussa on <u>iloisia lintuja</u> (iloinen lintu).

2 Metsässä on _____ (villi eläin).

3 Hyllyssä on _____ (vanha kirja).

4 Pihalla on _____ (pieni lapsi).

5 Pöydällä on _____ (kaunis kuppi).

6 Järvessä on _____ (erilainen kala).

7 Kadulla on _____ (uusi pyörä).

8 Lehdessä on _____ (mielenkiintoinen juttu).

When the subject is a set or refers to one item with two parts, the predicative is in the nominative plural:

seinät ovat valkoiset *(the walls are white)*, **silmälasit ovat uudet** *(the glasses are new).*

Meaning and usage

Plural forms of the relative pronoun

1 The relative pronoun has the following commonly used plural forms.

Nominative/accusative	jotka	(which, that)
Genitive	joiden/joitten	(of which)
Inessive	joissa	(in which)
Illative	joihin	(to which)
Elative	joista	(from/about which)
Adessive	joilla	(on which)
Allative	joille	(to which)
Ablative	joilta	(from which)

2 These forms are used as follows.

Tunnistan linnut, jotka lentävät taivaalla. (*I recognize the birds that are flying in the sky.*)

10 syytä, joiden vuoksi kannattaa tulla Suomeen (*10 reasons because of which it is good to come to Finland*)

Kaupungit, joihin he matkustivat, olivat maan pohjoisosissa. (*The towns that they travelled to were in the northern parts of the country.*)

E Match the beginnings and ends of sentences.

1 Toisella puolella saarta on mukavat kalliot,   **a** joissa voi kulkea, poimia marjoja ja nauttia luonnon rauhasta.

2 Ne ovat kaikki jokia,   **b** joilla voi viettää rentouttavan päivän aurinkoa ottaen.

3 Suomessa on paljon metsiä,   **c** joiden avulla turvataan luonnon monimuotoisuus.

4 Helsingistä löytyy lukuisia hiekkarantoja,   **d** jotka kalastit?

5 Suomi on allekirjoittanut kansainvälisiä sopimuksia,   **e** jotka saavat alkunsa tuntureiden huipulla.

6 Karhu syö syksyllä hiilihydraatteja,   **f** joista kerroit.

7 Söitkö hauet,   **g** joilla istuimme syömässä eväitä.

8 Näin ne fasaanit,   **h** joita se saa parhaiten marjoista.

F Complete with the relative pronoun in the plural.

1 Uroshirvet, *joilla* on suuret sarvet, voivat painaa jopa 700 kiloa.

2 Linnut, _____ otimme kuvia, olivat harvinaisa merikotkia.

3 Kuvassa on ahven, _____ löytyy kaikista Suomen järvistä.

4 Mustikka ja puolukka ovat marjat, _____ pidän eniten.

5 Saimaannorppa, _____ määrä vähenee vuosi vuodelta, on uhanalainen hyljelaji.

6 Porot, _____ sukulainen peura on, eivät elä näin etelässä.

7 Metsissä, _____ tutustuimme, ei ollut paljon lehtipuita.

Vocabulary

G   Complete with suitable words from the box.

> **havupuita** (*conifers*),   **hyönteisiä** (*insects*),   **jyrsijöitä** (*rodents*),
> **lehtipuita** (*deciduous trees*),   **lintuja** (*birds*),   **matelijoita** (*reptiles*),
> **nisäkkäitä** (*mammals*),   ~~**suurpetoja**~~ (*large carnivores*)

1   Karhu ja susi ovat *suurpetoja*.

2   Kuusi ja mänty ovat _____.

3   Rotta ja hiiri ovat _____.

4   Koivu ja leppä ovat _____.

5   Käärme ja sisilisko ovat _____.

6   Myyrä ja päästäinen ovat _____.

7   Joutsen ja pääsky ovat _____.

8   Hyttynen ja kärpänen ovat _____.

H   **Find the odd one out.**

1 karhu	susi	ahma	<u>hirvi</u>
2 poro	koira	hirvi	peura
3 mänty	koivu	kuusi	kataja
4 kallio	pihlaja	koivu	leppä
5 joki	niemi	järvi	salmi
6 laakso	tunturi	mäki	vaara
7 hauki	ahven	kuha	siili
8 joutsen	metso	ilves	pääsky

Reading

I   Read the text about nature in Finland and answer the following question.

Kuinka suuri osa Suomen pinta-alasta on metsää?

_____

Suomen luonto

Luonto on tärkeä suomalaisille. Kesämökit ja saunat rakennetaan järvien rannoille tai meren ääreen. Metsässä käydään kävelyllä. Kalastaminen on yhtä monen harrastus. Suomalaiset sukunimet liittyvät usein luontoon, esimerkiksi Järvinen, Salminen, Mäkelä ja Kallio.

Suomessa on metsää noin 78% pinta-alasta. Suurin osa metsistä on havupuumetsiä eli niissä kasvaa kuusi ja mäntyjä. Tavallisia lehtipuita ovat muun muassa koivut, lepät ja haavat. Kallioiden päällä ja kivikoissa kasvaa sammalia ja jäkäliä.

Matkailuesitteissä Suomen nisäkkäistä esitellään usein suurpedot kuten karhu, susi, ilves ja ahma. Karhut hyökkäävät ihmisten kimppuun vain, kun ne puolustavat poikasiaan. Muut suurpedot välttävät ihmisiä.

Runsaslukuisimpia nisäkkäitä ovat kuitenkin metsämyyrä ja metsäpäästäinen. Suomessa on myös muita jyrsijöitä, kuten oravia ja majavia. Öisin liikkuvat siilit. Lapissa elää poroja, joista turistit pitävät. Koko Suomesta löytyy komeita ruskeita hirviä ja pienempiä peuroja. Sekä hirvi että peura ovat vaarallisia liikenteessä. Suomen tiet onkin aidattu, jotta hirvet ja peurat eivät aiheuta onnettomuuksia.

Suomen kansallislintu on laulujoutsen, jonka merkitys on suuri kansanperinteessä ja kuvataiteessa. Suuri osa Suomessa pesivistä linnuista on muuttolintuja, jotka talvehtivat lämpimissä maissa. Muuttolintuihin kuuluu esimerkiksi Afrikkaan talveksi lentävä pääsky, joiden saapumisesta kesä alkaa.

Matelijoita, kuten käärmeitä ja sisiliskoja, sekä sammakoita, ei talvella näy. Ne heräävät kevään myötä. Kyykäärmeiden puraisu on myrkyllinen, ja siksi kannattaakin pitää kumisaappaita jalassa luonnossa liikkuessaan.

Suomea sanotaan tuhansien järvien maaksi, mikä on totta. Jääkausi jätti jälkeensä hiekkaisia harjuja ja lukuisia järviä. Tavallisia kalalajeja maamme järvissä ovat hauki, ahven ja kuha. Jokien pohjissa ja rantavesissä elää rapuja, joita pyydetään loppukesästä. Suomessa on järvien lisäksi paljon erityyppisiä soita, joiden vuoksi meillä on paljon hyttysiä.

J Now answer the following comprehension questions based on the text.

1 Mitä lehtipuita Suomessa kasvaa?

_____

2 Mitkä ovat Suomen suurpedot?

_____

3 Mitkä eläimet liikkuvat öisin?

_____

4 Millainen lintu pääsky on?

_____

5 Mitä eläimiä ei tekstin mukaan näe talvella?

_____

6 Miksi Suomessa on paljon hyttysiä?

_____

Writing

K Write an encyclopedia-style article about the nature in a country or area according to the model provided by the reading exercise. Write about the animals, plants and the landscape. Write about 100–120 words.

_____
_____
_____
_____
_____
_____
_____
_____
_____
_____
_____

Self-check

Tick the box which matches your level of confidence.

1 = very confident; 2 = need more practice; 3 = not confident

Valitse taulukosta ruutu, joka vastaa taitojasi.

1 = osaan hyvin; 2 = tarvitsen lisää harjoitusta; 3 = en osaa vielä

	1	2	3
Use the plural partitive.			
Use the plural forms of the relative pronoun **joka**.			
Use nature vocabulary.			
Can scan a longer encyclopedia-style text about Finnish nature for specific pieces of information. (CEFR B1)			
Can write an encyclopedia-style article about the flora, fauna and landscape in a certain place. (CEFR B1)			

16 Valmistuin ylioppilaaksi ja pidin välivuoden

I graduated high school and took a gap year

In this unit you will learn how to:

✅ Use the translative -ksi/-kse and the essive -na/-nä cases.

✅ Form result clauses to show when something becomes something.

✅ Use the final construction to express in order to.

CEFR: Can read a detailed descriptive text about a Finn's education (CEFR A2); Can describe educational background in detail (CEFR A2).

esikoulu **päiväkoti** ala-aste
yläaste tentti todistus **koe**
peruskoulu arvosana **tunti** seminaari
väitöskirja **graduopiskelija** opettaja
lehtori harjoitus **läksyt** opiskella

Meaning and usage

The translative

1 The translative is one of the Finnish grammatical case endings. It expresses change in state, colour, profession, status or name. It often matches the English *as*, *into* or *to*. The translative **-ksi** is used as follows.

Hän valmistui lääkäriksi viime vuonna.	*(He/she graduated as a doctor.)*
Me tulimme iloisiksi, kun kurssi loppui.	*(We became glad when the course ended.)*

2 Certain verbs take the translative.

Luulin häntä <u>harjoittelijaksi</u>.	(*I thought he/she was a trainee.*)
Suomea sanotaan koulutuksen <u>ihmemaaksi</u>.	(*Finland is called the wonderland of education.*)
Hänet valittiin <u>rehtoriksi</u>.	(*He/she was elected as the principal.*)

3 The translative expresses suitability.

<u>Vasta-alkajaksi</u> Veera on taitava.	(*For a beginner Veera is skilful.*)
Kelpaako hän sinusta <u>opettajaksi</u>?	(*Is he/she suitable to be a teacher?*)

4 The translative is also used in time expressions to indicate a deadline or a duration with dynamic verbs.

Kirjoittakaa esitelmä <u>maanantaiksi</u>.	(*Write the presentation for Monday.*)
Menen ensi <u>lukukaudeksi</u> Ruotsiin vaihtoon.	(*I'm going to Sweden on a student exchange next term.*)

5 The translative is used with names of languages.

Hakemus kirjoitetaan joko <u>suomeksi</u> tai <u>englanniksi</u>.	(*The application is written either in Finnish or in English.*)

6 Finally, the translative suffix appears in some fossilized expressions of place. Note that the translative has a variant **-kse** that appears in older expressions and before possessive suffixes, e.g. **ystäväkseni** (*as my friend*).

Muutatko takaisin äidin <u>luokse</u> nyt kun valmistut?	(*Are you moving back to Mum's now that you're graduating?*)
He juoksivat ala-asteen <u>taakse</u>.	(*They ran behind the primary school.*)
Sateet ovat siirtyneet <u>pohjoisemmaksi</u>.	(*The rains have moved farther north.*)

7 The translative ending is attached to the stem of the noun, e.g. **mies** (*man*) → **miehe-ksi** (*as/into a man*).

A Complete with suitable words in the translative from the box.

euro,	insinööri,	juhannus,	maa,
~~ruotsi,~~	professori,	tuulinen,	valmis

1 Åke vastasi kysymykseen *ruotsiksi.*
2 Vaihdoitko jo punnat _____?
3 Meidän poika valmistui _____ keväällä.
4 Voitko kirjoittaa esseen _____?
5 Ilma muuttui _____.
6 Haluaisitko mennä mökille _____?
7 Suomea sanotaan tuhansien järvien _____.
8 Luulimme opiskelijaa _____.

Meaning and usage

The essive

1   The essive -**na**/-**nä** is used for stative situations, i.e. situations that involve no change in state or status.

Sää pysyi kylmänä.	(*The weather remained cold.*)
Olen yhä apuopettajana siinä koulussa.	(*I'm still a teaching assistant in that school.*)

2   The essive shows the state that something is in.

Juon kahvin mustana.	(*I drink my coffee black.*)
Opiskelijat istuivat tunnilla väsyneinä.	(*The students sat in class tired.*)
Lapsena en ollut hyvä koulussa.	(*I wasn't good at school as a child.*)

3   Certain verbs take the essive.

Käytän puhelinta herätyskellona.	(*I use my phone as an alarm clock.*)
Risto toimii koulupsykologina **Helsingin seudulla.**	(*Risto works as a school psychologist in the Helsinki region.*)
Suomea pidetään koulutuksen **mallimaana.**	(*Finland is regarded as a model country for education.*)

4   Sometimes the meaning of the phrase in essive can be almost causal.

Kokeneena koulutuksen asiantuntijana **hän tietää mitä opiskelijat tarvitsevat.**	(*As an experienced education expert (because he/ she is an experienced education expert) he/she knows what the students need.*)

5   Days of the week and public holidays take the essive, as do times of day and seasons when a more specific time is expressed (**keväällä** (*in the spring*) /**tänä keväänä** (*this spring*)).

Tentti on tiistaina.	(*The exam is on Tuesday.*)
Lauantaiaamuna ei ole luentoja.	(*There are no lectures on Saturday morning.*)
Opiskelitko valtiotiedettä viime talvena?	(*Did you study politics last winter?*)

6   Fossilized expressions of place have the essive ending.

Oletko huomenna kotona?	(*Will you be at home tomorrow?*)
Etelämpänä on vähemmän lunta.	(*There's less snow farther south.*)

7   The essive is attached to the inflectional stem of nouns, e.g. **väsynyt** (*tired*) → **väsynee-nä** (*in a tired state*). It always has the strong grade, e.g. **tutkinto** (*degree*) → **tutkintona** (*as the degree*).

B   **Complete using the essive of the word in brackets. Use plurals when needed.**

   1   Pidän häntä erittäin <u>viisaana ihmisenä</u> (viisas ihminen).
   2   He odottivat kokeen tuloksia _____ (hermostunut).
   3   Ei kannata mennä tunnille _____ (sairas).
   4   Työskentelin _____ (tulkki) Brysselissä.
   5   Opiskelija käytti maskaraa _____ (kynä).

6 Oluet säilyvät _____ (kylmä) lumessa.

7 Lunta alkoi sataa _____ (sunnuntai-ilta).

8 Haluatko mennä kesäkurssille _____ (ensi kesä).

C **Choose the essive, the translative or another form.**

1 Haluaisimme muuttaa luokkahuoneen   **a** työhuoneen   **b** työhuoneena
   c työhuoneeksi.

2 Monet ulkomaalaiset pitävät suomalaisia   **a** luotettaviksi   **b** luotettavilta
   c luotettavina.

3 **a** Nuorena   **b** Nuoreksi   **c** Nuoressa hän halusi tulla kääntäjäksi.

4 Opiskelija katsoi tenttitulosta   **a** hämmästyneenä   **b** hämmästyneessä
   c hämmästyneeksi.

5 Koe kirjoitetaan   **a** valmiilta   **b** valmiina   **c** valmiiksi kello kolmeksi.

6 Opetussuunnitelma vaikuttaa   **a** hyvänä   **b** hyvältä   **c** hyväksi.

7 Kuka käyttää tablettia   **a** tietokoneena   **b** tietokoneella   **c** tietokoneeksi?

8 Opettajaa kutsutaan joskus   **a** opeksi   **b** opena   **c** opelta.

Meaning and usage

The result clause

1 The result clause shows when something becomes something.

Jennistä tulee sairaanhoitaja.	(*Jenni will become a nurse.*)
Matista ei tullut sairaanhoitajaa.	(*Matti didn't become a nurse.*)
Kakusta tuli vähän liian kuiva.	(*The cake became a bit too dry.*)
Puurosta tuli paksua.	(*The porridge ended up being too thick.*)
Heistä on tullut supertähtiä.	(*They have become superstars.*)

2 The subject is in the -**sta**/-**stä** form. The verb **tulla** (*to come*) is always in the third-person singular. Countable nouns will have the word after **tulla** in the basic form: **sairaanhoitaja** (*nurse*) and **kuiva** (*dry*) in the examples. Mass nouns will take the partitive: **paksua** (*thick*) in the examples. Plural subjects take the partitive plural: **supertähtiä** (*superstars*) in the examples. Negation triggers the partitive: **sairaanhoitajaa** (*nurse*) in the examples.

Compare: **tulin iloiseksi** *(I became glad)* vs. **minusta tuli opettaja** *(I became a teacher);* **ilma muuttui kylmäksi** *(the weather turned cold)* vs. **esseestä tuli liian pitkä** *(the essay became too long). The difference between translative and the result clause is that the result clause describes a more permanent change or end result. The result clause is used with professions, whereas the translative is used with moods and weather.*

D Create Finnish sentences using the result clause.

1 I became a teacher. → *Minusta tuli opettaja.*

2 You didn't become a professor. → _____

3 My friend will become a singer. → _____

4 The boys became police officers. → _____

5 We have become students again. → _____

6 The students became tired. → _____

7 This day will become wonderful. → _____

8 The tea became too strong. → _____

Meaning and usage

Final construction

1 The final construction is used to indicate *in order to*. It is equivalent to a **jotta** (*so that*) clause. The **jotta** clause tends to have a conditional or the auxiliary **voida** (*can*).

Muutin Pariisiin, jotta oppisin ranskaa.	(*I moved to Paris so that I would learn French.*)
Muutin Pariisiin oppiakseni ranskaa.	(*I moved to Paris in order to learn French.*)
He menivät tauolle, jotta voisivat juoda kahvia.	(*They went for a break so that they could drink coffee.*)
He menivät tauolle juodakseen kahvia.	(*They went for a break in order to drink coffee.*)

> *A reminder about the possessive suffixes needed with the final construction:* **minun -ni, sinun -si, meidän -mme, teidän -nne.** *The third person* **hänen** *and* **heidän -nsa/-nsä** *has the variant* **-Vn,** *i.e. the doubling of the last vowel.*

E Complete with final construction in the correct form.

1 Istuin alas *juodakseni* (juoda) teetä.

2 Osallistujat taputtivat _____ (kiittää) luennoitsijaa.

3 Te otitte kuvia _____ (laittaa) ne nettiin.

4 Soitimme pankkiin _____ (kysyä) lainatarjouksista.

5 Sinä hait opiskelupaikkaa _____ (valmistua) ammattiin.

6 Opetusministeri kutsui meidät kokoukseen _____ (keskustella) uudesta opetussuunnitelmasta.

How to form the final construction

1   The final construction is formed as follows: a translative ending -**kse**- is attached to the infinitive and then a suitable possessive suffix is added to the translative suffix. For example, **syödä-kse-ni** (*in order (for me) to eat*), **puhua-kse-mme** (*in order (for us) to speak*). The subject of the main clause is always the same as the subject of the final construction.

F   Change the jotta clauses into final construction according to the model.

1   Hän osti uuden tietokoneen, jotta voisi tehdä töitä paremmin. → *...tehdäkseen töitä paremmin.*

2   Matkustimme Rovaniemelle, jotta näkisimme joulupukin. → _____

3   Soitin äidille, jotta puhuisin juhlista. → _____

4   Sinä opiskelit lisää suomea, jotta saisit töitä Suomesta. → _____

5   Ostin kirjan, jotta kertaisin kielioppia. → _____

6   Kalle kirjoitti kurssisihteerille, jotta kysyisi lisää tietoa kurssista. → _____

7   Täytin kyselyn, jotta voittaisin palkinnon. → _____

8   He ostivat kuntopyörän, jotta treenaisivat kotona sisällä. → _____

Vocabulary

G   Complete with suitable words from the box. The words are already in the correct form.

ammattikoulusta,   lukio,   ~~peruskoulu~~,   pääsykoe,   todistuksen, tutkinto,   työharjoittelusta,   ylioppilaskirjoitukset

1   *Peruskoulu* kestää yhdeksän vuotta ja se on kaikille pakollinen.

2   _____ kestää kolme vuotta ja sen jälkeen voi mennä yliopistoon.

3   _____ valmistutaan mekaanikoksi tai kampaajaksi.

4   Lukion lopussa on suuri kansallinen tentti eli _____ .

5   Jotta pääsee esimerkiksi yliopistoon, täytyy kirjoittaa _____ .

6   Kurssin jälkeen osallistuja saa _____ .

7   _____ ei saa palkkaa ja se kuuluu joskus opintoihin.

8   Yliopiston lopussa opiskelijalla on kandidaatin tai maisterin _____ .

H   Find the odd one out.

1	ylioppilaskirjoitukset	tentti	<u>todistus</u>	koe
2	ala-aste	koulutus	yläaste	lukio
3	yliopisto	peruskoulu	lukio	arvosana
4	ruokala	luento	tunti	seminaari
5	essee	lehti	väitöskirja	gradu
6	opiskelija	opettaja	professori	lehtori
7	harjoitus	tutkinto	tehtävä	läksy
8	jälki-istunto	lukujärjestys	oppisuunnitelma	lentokone

I   Complete the community college's description about their Finnish courses with the words from the box.

> intensiivisiä,   kotitehtäviä,   läsnäoloa,
> opetuskieli,   ~~tasoisia~~,   verkkokursseja

Kansalaisopisto järjestää monen _tasoisia_ suomen kielen kursseja. Kaikilla kursseilla on kaksi oppituntia viikossa, ja _____ niillä on suomi. Kursseillamme annetaan runsaasti _____ eli opiskelijat työskentelevät itsenäisesti oppituntien ohella. Odotamme opiskelijoiltamme 100-prosenttista _____. Osa kursseistamme on _____: niillä on opetusta neljänä päivänä viikossa. Meillä on myös _____, jotka suoritetaan täysin netissä.

📖 Reading

J   Read the text about a person's educational history and answer the following question.

Kuinka monta luokkaa ala-asteella ja yläasteella on?

_____

> Synnyin Sastamalassa Tampereen ja Pori välissä. Olin ensin päiväkodissa ja sitten perhepäivähoidossa, koska vanhempani olivat töissä. Hoidossa lähinnä leikittiin. 6-vuotiaana menin esikouluun. Se ei ollut silloin pakollista. Askartelimme, opettelimme istumaan hiljaa ja tutustuimme muihin lapsiin. Osasin jo lukea, kun menin kouluun 7-vuotiaana. Puolet oppilaista osasivat lukea. Ala-asteen ensimmäisellä kolmella luokalla emme saaneet arvosanoja. Ensimmäinen oppimani vieras kieli oli englanti. Yläasteella aloin opiskella ruotsia. Ala-asteella on kuusi luokkaa 7-vuotiaasta 12-vuotiaaksi. Yläasteella on kolme luokkaa 13-vuotiaasta 15-vuotiaaksi. Kouluarvosanat ovat 4-10. Neljä on hylätty ja kymmenen on kiitettävä.

K   Now answer the following comprehension questions.

1   Kuinka vanhana hän meni kouluun?

_____

2   Kuinka suuri osa oppilaista osasi lukea?

_____

3   Mitä vieraita kieliä hän opiskeli peruskoulussa?

_____

4   Kuinka vanhana suomalaiset pääsevät peruskoulusta?

_____

L   Now read the rest of the text and determine whether the following statements are true (*oikein*) or false (*väärin*).

Ala-asteen ja yläasteen eli peruskoulun jälkeen menin paikalliseen lukioon. Pakollisten kurssien lisäksi valitsin valinnaisia ja syventäviä fysiikan kursseja. Ylioppilaskirjoituksissa kirjoitin pitkän matematiikan, fysiikan, reaalin, suomen ja englannin. Valmistuin ylioppilaaksi ja pidin välivuoden, jolloin matkustin Kaakkois-Aasiassa. Hain Tampereen yliopistoon opiskelemaan valtiotiedettä. Menin vaihtoon Roomaan, Italiaan vuodeksi oppiakseni kieltä ja olin kesän harjoittelussa Suomen suurlähestystössä Pariisissa saadakseni työkokemusta. Valmistuin valtiotieteiden maisteriksi viidessä vuodessa. En koskaan ajatellut, että minusta tulisi diplomaatti. Viihdyn hyvin työssäni. Seuraavaksi olen menossa komennukselle Espanjaan.

	oikein	väärin
1 Hän meni ammattikouluun peruskoulun jälkeen.		
2 Hän kirjoitti kemian ylioppilaskokeen.		
3 Hän matkusti välivuotenaan Aasiassa.		
4 Hän meni Italiaan vaihto-oppilaaksi puoleksi vuodeksi.		
5 Hän oli työharjoittelussa ministeriössä.		
6 Hän valmistui maisteriksi viidessä vuodessa.		

 Writing

M Describe your educational background based on the model provided in the reading exercise. Write about 80–100 words.

_____

_____

_____

_____

_____

_____

_____

_____

_____

_____

Self-check

Tick the box which matches your level of confidence.

1 = very confident;   2 = need more practice;   3 = not confident

Valitse taulukosta ruutu, joka vastaa taitojasi.

1 = osaan hyvin;   2 = tarvitsen lisää harjoitusta;   3 = en osaa vielä

	1	2	3
Use the translative **-ksi** and the essive **-na/-nä** cases.			
Form result clauses.			
Use the final construction to express _in order to_.			
Can read a descriptive text about a Finn's education. (CEFR A2)			
Can describe educational background in detail. (CEFR A2)			

17 Hakemuksen liitteenä ansioluetteloni ja työtodistukset

Attached to the application are my CV and references

In this unit you will learn how to:

✅ Use the comparative and superlative of adjectives and adverbs.

✅ Use possessive suffixes.

✅ Use temporal constructions (equivalent to *when* clauses).

✅ Use vocabulary for employment and job applications.

CEFR: Can read a covering letter with high frequency work-related vocabulary (CEFR B1); Can write a covering letter for a job application in a brief standardised format (CEFR B1).

toimisto **virka** pomo **johtaja esimies**
alainen palkka osa-aikainen **palaveri**
kokopäiväinen väliaikainen
lakko työssäoppiminen
oppisopimus työhaastattelu
saada potkut palkata **hakea**

Meaning and usage

The comparative of adjectives

1   Adjectives have three forms, much like in English: the basic form, comparative and superlative. The comparative is used for comparing two things. Note that the comparative is always expressed with an ending in Finnish, i.e. there is nothing that matches the English *more beautiful*. The comparative of adjectives is used as follows.

Tämä yritys on <u>suurempi</u> kuin tuo yritys.	(*This company is bigger than that company.*)
Minun palkkani on <u>korkeampi</u> kuin sinun.	(*My salary is higher than yours.*)
Etsitkö <u>parempaa</u> työpaikkaa?	(*Are you looking for a better job?*)
Valitsimme <u>nuoremman</u> hakijan.	(*We chose the younger applicant.*)

2 Note that instead of the word **kuin** (*than*), the partitive can be used.

Tämä yritys on <u>tuota yritystä</u> suurempi.   (*This company is bigger than that company.*)

3 The comparative ending is -**mpi** and it is attached to the stem of adjectives: **iso** (*big*) → **isompi** (*bigger*), **kaunis** (*beautiful*) → **kauniimpi** (*more beautiful*), **mielenkiintoinen** (*interesting*) → **mielenkiintoisempi** (*more interesting*).

4 There is one vowel change to consider: the -**a**/-**ä** at the end of adjectives that have two syllables becomes -**e**: **vanha** (*old*) → **vanh<u>e</u>mpi** (*older*), **syvä** (*deep*) → **syv<u>e</u>mpi** (*deeper*).

5 There are two irregular adjectives to learn by heart: **hyvä** (*good*) → **parempi** (*better*), **pitkä** (*long, tall*) → **pitempi/pidempi** (*longer, taller*).

6 The stems of the comparative form are -**mma**- (weak grade, singular) or -**mpa**- (strong grade, singular), -**mmi**- (weak grade, plural), and -**mpi**- (strong grade, plural).

A Use the comparative form of the adjective in the first sentence. Use the nominative (dictionary form) of the comparatives.

1   Minun pomoni on kiva. Sinun pomo on <u>kivempi</u>.
2   Minun työpäiväni on pitkä. Sinun on _____.
3   Minun vuokrani on halpa. Sinun vuokrasi on _____.
4   Minun palkkani on hyvä. Sinun palkkasi on vielä _____.
5   Minun toimistoni on pieni. Sinun toimistosi on _____.
6   Minun työni on stressaava. Sinun työsi on _____.
7   Minun ystäväni on rikas. Sinun ystäväsi on _____.

B Complete with the correct comparative form of the adjectives in brackets. Add case suffixes to the basic comparative forms.

1   Asumme <u>vanhemmassa</u> (vanha) talossa kuin te.
2   _____ (pitkä) miehellä on silmälasit.
3   Haluaisin nähdä _____ (halpa) mallin.
4   Onko teillä _____ (makea) valkoviiniä?
5   Löysimme _____ (hyvä) asunnon.
6   Ostit sen _____ (kallis) hinnalla kuin minä.
7   Pohjoismaiset elokuva ovat _____ (mielenkiintoinen) kuin amerikkalaiset.

C Change *kuin* phrases into partitives.

1   Matti on hauskempi kuin Vilma. → <u>Matti on Vilmaa hauskempi.</u>
2   Sinä olet lyhyempi kuin minä. → _____
3   Pariisi on kauniimpi kuin Lontoo. → _____
4   Koirat ovat kivempia kuin kissat. → _____
5   Kirjat ovat parempia kuin elokuvat. → _____

Meaning and usage

The superlative of adjectives

1   Both in Finnish and English, the superlative is a form of an adjective that is used for comparing one person or thing with other members in their group. The superlative is always coded in an ending in Finnish, i.e. there is nothing that matches the English *the most beautiful* that consists of three separate words. The superlative is used as follows.

Hän on työpaikan kaikkein tehokkain.	*(He/She is the most efficient of us all.)*
He palkkasivat kalleimman konsultin.	*(They hired the most expensive consultant.)*
Suurimmissa yrityksissä työntekijöille on oma kuntosali.	*(At the largest companies there's a gym for employees.)*
Pisimmät työpäivät taitavat olla Japanissa.	*(The longest work days are probably in Japan.)*

D   Complete the table with superlative forms based on the examples above.

Adjective	Superlative	Adjective	Superlative
nuori	*nuorin*	kaunis	
hidas		halpa	
hyvä		suomalainen	
pieni		pitkä	
helppo		tuore	

How to form the superlative of adjectives

1   The superlative of adjectives is formed by adding the suffix **-in** to the stem of an adjective. Nothing happens to rounded vowels **o**, **ö**, **u** and **y**, but unrounded vowels **a**, **ä** and **e** are deleted from the end of the stem. If the stem of the vowel ends in **i** the superlative is **-ein.** For example:

iso (*big*) → **isoin** (*biggest*)

vanha (*old*) → **vanhin** (*oldest*)

mielenkiintoinen (*interesting*) → **mielenkiintoisin** (*most interesting*)

moderni (*modern*) → **modernein** (*most modern*)

kallis (*expensive*) → **kallein** (*most expensive*)

2   The irregular adjectives are: **hyvä** (*good*) → **paras** (*best*), **pitkä** (*long, tall*) → **pisin** (*longest, tallest*), **uusi** (*new*) → **uusin** (*newest*).

3   The stems of the superlative form are **-imma-** (weak grade, singular) or **-impa-** (strong grade, singular), **-immi-** (weak grade, plural), and **-impi-** (strong grade, plural).

The only difference between the different forms of the comparative and superlative of adjectives is that the superlative has the vowel -**i**-straight after the stem.

E   Complete with correct superlative forms.

1   Pidätte varmasti _uusimmasta_ (uusi) mallistamme.
2   Tutustuin häneen _____ (viimeinen) harjoittelupaikassani.
3   _____ (vanha) lapsellamme on paljon ystäviä.
4   Vaihdoimme markkinoiden _____ (kallis) tuotteeseen.
5   Ottaisin _____ (halpa) huoneen.
6   Vuoden _____ (onnistunut) tapahtumassa start up -yritykset saivat rahoitusta.
7   Yrityksemme etsii maan _____ (taitava) osaajia.

Note that **paras** (best) has two stems: **parhaa-** or **parhaimma-**, e.g. **hain töitä parhaasta/parhaimmasta yrityksestä** (I applied for a job at the best company).

Meaning and usage

Comparative and superlative of adverbs

1   The comparative and superlative forms of adverbs are used as follows.

   Minä teen töitä nopeasti. Matti tekee töitä nopeammin. Harri tekee töitä nopeimmin.

   (I work fast. Matti works faster. Harri works the fastest.)

2   The suffixes are the comparative -**mmin** and the superlative -**immin** that are attached to the stems of adjectives in the same way as the comparative and superlative endings of adjectives described earlier in this unit.

3   The following adverbs are irregular: **hyvin** (well) - **paremmin** (better) - **parhaiten** (the best), **vähän** (a little) - **vähemmän** (less) - **vähiten** (the least), **paljon** (a lot) - **enemmän** (more) - **eniten** (the most), **hiljaa** (quietly, slowly) - **hiljempaa** (more quietly, slower) - **hiljaisimmin** (most quietly, slowest)

F   Complete the sentences with comparative and superlative forms of the adverb.

1   Hymyilen iloisesti. Ystäväni hymyilee _iloisemmin_. Matti hymyilee kaikkein _iloisimmin_.
2   Kävelen hitaasti. Ystäväni kävelee _____. Matti kävelee kaikkein _____.
3   Siivoan huolellisesti. Ystäväni siivoaa _____. Matti siivoaa kaikkein _____.
4   Teen työt huonosti. Ystäväni tekee työt _____. Matti tekee työt kaikkein _____.
5   Syön paljon. Ystäväni syö _____. Matti syö _____.

Meaning and usage

Possessive suffixes

1   Possessive suffixes are a feature of well-written formal Finnish. They are attached to the stems of nouns (**avaimesi** (*your key*)). The nouns keep the strong grade (**heidän pöytänsä** (*their table*)). Note that the pronouns are optional in first-and second-person singular and plural (**minun, sinun, meidän, teidän**):

(minun) koulu<u>ni</u>	(*my school*)
(sinun) avaime<u>si</u>	(*your (sing.) key*)
hänen työhuone<u>ensa</u>	(*his/her office*)
(meidän) kokouk<u>semme</u>	(*our meeting*)
(teidän) pomo<u>nne</u>	(*your boss*)
heidän pöytä<u>nsä</u>	(*their table*)

How to form possessives

1   Possessive suffixes are attached after grammatical suffixes that end in vowels. The grade of the noun is what you would expect for the stem. The third-person possessive suffix is usually **-Vn** when the case ending ends in a vowel, that is the last vowel is doubled followed by **-n**. For example:

velje-llä-ni	(*my brother (has)*)
palka-sta-si	(*about your salary*)
yritykse-ssä-mme	(*at our company*)
hänen toimisto-ssa-an	(*in his/her office*)

2   Case suffixes that end in consonants (plural **-t**, genitive/accusative **-n** and illative **-Vn**, **-hVn**, **-seen**) lose the final consonant when the possessive suffix is added. In all cases the noun is in the strong grade:

kollegat + ni → kollegani	(*my colleague's*)
kollegan + ni → kollegani nimi	(*my colleague's name*)
kollegaan + ni → tutustuin kollegaani	(*I got to know my colleague*)
työpaikan + mme → työpaikkamme lähellä	(*near our workplace*)

3   **Hänen** and **heidän** are left out when the possessive suffix refers back to the subject:

Matti pesee autoaan.	(*Matti is washing his car.*)
He pitävät paljon työstään.	(*They like their job a lot.*)

4   Note that **se** (*it*) and nouns in the genitive are not followed by possessive suffixes:

Sen nimi on Musti.	(*Its name is Blackie.*)
Muistio on sihteerin pöydällä.	(*The memo is on the secretary's desk.*)

*The only possessive suffix used in speech is an abbreviated version of the second-person singular -si, e.g. **isäs** (your dad). Some adverbs also contain possessive suffixes, e.g. **huolissaan** (worried), **mielellään** (happily)) and these would be used in spoken Finnish as well.*

G **Choose the correct option.**

1 Meidän   **a** <u>firmallamme</u>   **b** firmallaan   **c** firmallanne menee hyvin.
2 Missä teidän   **a** neuvotteluhuoneensa   **b** neuvotteluhuoneesi   **c** neuvotteluhuoneenne on?
3 Heidän   **a** esimiehensä   **b** esimieheni   **c** esimiehemme on reilu.
4 Sinun   **a** mukini   **b** mukinsa   **c** mukisi on tiskialtaassa.
5 Minun   **a** tiimissään   **b** tiimissäni   **c** tiimissämme puhuttiin projektista.
6 Meidän   **a** hankkeensa   **b** hankkeemme   **c** hankkeesi onnistuu varmasti.
7 Hänen   **a** pöydällään   **b** pöydälläni   **c** pöydällämme ei ole ikinä ylimääräisiä papereita.

H **Complete with the correct form of the noun in brackets using a suitable possessive suffix. Don't forget to use a suitable case ending.**

1 Pomo soitti <u>sihteerilleen</u> (sihteeri) autosta.
2 Minun _____ (isä) veli asuu Lapissa.
3 He olivat kyllästyneet vanhaan _____ (asunto).
4 Tapasitko _____ (sisko) kaupungilla?
5 En pidä _____ (työkaveri, plural).
6 Tapaamme uudet _____ (asiakas, plural) huomenna.

Meaning and usage

Temporal construction 1

1 Finnish has two so-called temporal constructions that are equivalent to **kun** (when) or **samalla kun** (while) clauses. The first temporal construction is used for simultaneous events.

Kuuntelin musiikkia tehdessäni töitä.   (*I listened to music while working.*)

Pomo puhui sihteerin tehdessä muistiinpanoja.   (*The boss was speaking while the secretary was writing notes.*)

How to form temporal construction 1

The form is as follows: **-essa/-essä** is attached to the infinitive stem and the final **-a/-ä** from the infinitive is deleted (e.g. **puhu-a** > **puhu-essa**, **tehd-ä** > **tehd-essä**, **opiskell-a** > **opiskell-essa**). The subject is expressed with a possessive suffix (**tehd-essä-ni** (*while I was doing*)) when it is the same as the subject of the main clause. The subject is in the genitive (**äidin siivotessa** (*while mother is cleaning*)), when it is different from the subject of the main clause.

I   Change the *kun* clauses into first temporal constructions.

   1   Kun asuin Ruotsissa, puhuin ruotsin hyvin. → <u>Asuessani Ruotsissa</u>
   2   Matti lukee aina lehteä, kun hän syö aamupalaa. → _____
   3   Me laitamme paljon kuvia nettiin, kun matkustamme. → _____
   4   Olen aina hyvällä tuulella, kun herään. → _____
   5   Opiskelijat tekevät muistiinpanoja, kun opettaja puhuu. → _____
   6   En voi keskittyä, kun naapurit häiritsevät minua. → _____
   7   Pomo pelaa golfia, kun työntekijät stressaavat. → _____

Meaning and usage

Temporal construction 2

1   The second temporal construction is consecutive: the action of the **temporal** clause takes place before the action in the main clause.

   Aloin siivota heti tultuani kotiin.   (*I started to clean immediately after coming home.*)
   Linnut alkoivat laulaa auringon noustua.   (*Birds started singing after the sun rose.*)

How to form temporal construction 2

The form is as follows:

1   **-tua/-tyä** is attached to the infinitive stem of verb type 2 and 3 verbs (**syö-tyä** (*having eaten*), **opiskel-tua** (*having studied*)) and
2   **-ttua/-ttyä** is attached to the infinitive stem of verb type 4 and 5 verbs (**pela-ttua** (*having played*), **häiri-ttyä** (*having disturbed*)).
3   Verb type 1 verbs take **-ttua/-ttyä** to the first-person singular stem (**lue-n** > **lue-ttua** (*having read*)).
4   There is a vowel change from **-a/-ä** at the end of verb type 1 verbs (**kirjoita-n** > **kirjoite-ttua** (*having written*)).
5   The subject is expressed with a possessive suffix (**tultu-a-ni** (*after I had come*)) when it is the same as the subject of the main clause.
6   The subject is in the genitive (**auringon noustua** (*after the sun has risen*)) when it is different from the subject of the main clause.

J Change the *kun* clauses into second temporal constructions.

1 Nautin auringonpaisteesta, kun olin tehnyt ruokaa. → *tehtyäni ruokaa*
2 Opiskelijat lepäsivät, kun olivat kirjoittaneet tentin. → _____
3 Kaisa tuli kotiin, kun oli ollut töissä kahdeksan tuntia. → _____
4 Mitä teet, kun olet pelannut jalkapalloa? → _____
5 Olitteko tyytyväisiä, kun olitte ostaneet mökin? → _____
6 Aloin maalata seiniä, kun vaimo oli valinnut värin. → _____
7 Muutimme suunnitelmaa, kun asiakas antoi palautetta. → _____

Vocabulary

K Find the odd one out.

1	toimisto	neuvotteluhuone	kokoussali	virka
2	pomo	johtaja	esimies	alainen
3	palkka	potkut	ylennys	bonus
4	eläke	aamuvuoro	loma	viikonloppu
5	osa-aikainen	palaveri	kokopäiväinen	väliaikainen
6	lakko	työvuoro	ylityöt	työpäivä
7	työharjoittelu	työssäoppiminen	oppisopimus	lomautus
8	työnhakija	avoin työpaikka	työnantaja	työhaastattelu

For extra practice, try to use the words from exercise K in sentences.

L Complete the sentences with the opposite adjectives in the box.

> epäluotettava, epäpätevä, huolimaton, ~~korkea~~,
> kunnianhimoinen, osa-aikainen, vaativa, vakituinen

1 Palkkani ei ole alhainen, vaan *korkea*.
2 Uusi työni ei ole väliaikainen, vaan _____.
3 Virka ei ole kokopäiväinen, vaan _____.
4 Hakija ei ole pätevä, vaan täysin _____.
5 Hän ei ole tunnollinen, vaan _____.
6 Tehtävä ei ole helppo, vaan _____.
7 Sihteeri ei ole huolellinen, vaan _____.
8 Minä en ole laiska, vaan _____.

# Reading

M Read the following covering letter and answer the question below.

Mitä työtä Jane Brown hakee?

_____

Hyvä rehtori,

Kirjoitan teille koskien englannin kielen opettajan vakituista osa-aikaista virkaa, josta ilmoititte Avoimet työpaikat -palvelussa netissä.

Opiskelin englantilaista kirjallisuutta Edinburghin yliopistossa. Suoritettuani tutkinnon ja CELTA-kurssin, opetin englantia Kiinassa ja Thaimaassa yhteensä viisi vuotta. Aasiassa opettaminen oli haastavaa ja siksi antoisampaa. Muutin Suomeen vuonna 2015. Suomessa asuessani olen antanut englannin kielen yksityistunteja ja ollut viransijaisena Helsingin yliopiston kielikeskuksessa kaksi lukukautta.

Olen erittäin sopiva ja pätevä virkaan. Minulla on kokemusta sekä alkeistasosta että edistyneistä opiskelijoista. Olen natiivi, mutta osaan myös suomea ja voin näin auttaa opiskelijoita paremmin. Olen erikoistunut kommunikatiiviseen metodiin. Toisin tiimiinne myös digitaalisen oppimisen ammattitaitoa. Tärkeintä oppimisessa on mielestäni oppijan tarpeet. Olen huolellinen, inspiroiva ja tunnollinen tiimityöskentelijä.

Hakemuksen liitteenä ansioluetteloni ja työtodistukset. Kiitos ajastanne ja harkinnastanne. Jään innolla odottamaan vastaustanne.

Parhain terveisin,
Jane Brown

N Now answer the comprehension questions about the text.

1   Onko virka kokopäiväinen?
_____

2   Missä työilmoitus oli?
_____

3   Mitä Jane teki tutkintonsa jälkeen?
_____

4   Mitä töitä Jane on tehnyt Suomessa?
_____

5   Mitkä ovat Janen erikoisalat?
_____

6   Mitä hakemuksen liitteenä on?
_____

# Writing

O Find a Finnish job advert that interests you. Write a very short covering letter for the job detailing your skills and previous job experience and how this position matches your previous experience. Aim for a formal style, as in the example in the reading task. Write about 100–120 words.

_____

_____

_____

_____

_____

_____

_____

_____

_____

Self-check

Tick the box which matches your level of confidence.

1 = very confident;   2 = need more practice;   3 = not confident

Valitse taulukosta ruutu, joka vastaa taitojasi.

1 = osaan hyvin;   2 = tarvitsen lisää harjoitusta;   3 = en osaa vielä

	1	2	3
Use the comparative and superlative of adjectives and adverbs.			
Use possessive suffixes.			
Use temporal constructions.			
Use vocabulary for employment and job applications.			
Can read a covering letter with high frequency work-related vocabulary. (CEFR B1)			
Can write a covering letter for a job application in a brief standardized format. (CEFR B1)			

Kiukaassa on jotain vikaa – se ei lämpene kunnolla

There is a fault with the electric sauna stove – it does not heat up properly

In this unit you will learn how to:

✔ Know the difference between intransitive and transitive verbs.

✔ Use -**malla**/-**mällä** and -**matta**/-**mättä** forms.

✔ Use the common enclitic particles -**kin**, -**kaan**/-**kään**, -**pa**/-**pä**, and -**han**/-**hän**.

✔ Use common indefinite pronouns such as **joku** and **jokin**.

✔ Use vocabulary for repairs and DIY projects.

CEFR: Can scan emails about faults and DIY projects for specific pieces of information (CEFR B1); Can report a fault to a standard conventionalized format (CEFR B1).

saha **vasara** naula kirves
pora ruuvimeisseli sakset
jakoavain
puukko viila viikate ämpäri **pensseli**

Meaning and usage

Transitive and intransitive verbs

1 Transitive verbs take an object and intransitive verbs do not. In Finnish there is a different verb for each, whereas in English the same verb may be used in both cases, as the examples show.

Transitive (with object)	Intransitive (no object)
aloittaa	alkaa
Aloitamme remontin syyskuussa. (*We're beginning the renovation in September.*)	Remontti alkaa huomenna. (*The renovation begins tomorrow.*)
lopettaa	loppua
Lopetan korjaustyöt kello kuusi. (*I finish repair work at 6 o'clock.*)	Korjaustyöt loppuvat kello kuusi. (*Repair work finishes at 6 o'clock.*)

sytyttää	syttyä
Sytytin taskulampun. (*I lit the torch.*)	Taskulammpu syttyi. (*The torch was lit.*)
löytää	**löytyä**
Löysin vihdoin vasaran. (*I finally found the hammer.*)	Vasara löytyi. (*The hammer was found.*)
lämmittää	**lämmetä**
Isä lämmitti saunan. (*Father heated up the sauna.*)	Sauna lämpeni. (*The sauna heated up.*)
kääntää	**kääntyä**
Käännän hanaa. (*I turned the tap to the left.*)	Hana kääntyi. (*The tap turned left.*)

*The intransitive verb often has a reflexive marker -**u**-/-**y**- or -**utu**-/-**yty**-, i.e. itself, oneself. The other pattern is that the transitive verb has a causative marker -**tt**-, i.e. make someone do something.*

A Choose the transitive or intransitive version of the verb based on the examples above and the context.

1 <u>Käännän</u>/käännyin sivua.
2 Kesämökin sauna lämmittää/lämpenee nopeasti.
3 Voitko avata/avautua hanan?
4 Mikko aloitti/alkoi remontin.
5 Muutin/muutuin suunnitelmaa.
6 Sammutitko/sammuitko valot?
7 En löytänyt/löytynyt ruuvimeisseliä mistään.
8 Poraaminen lopetti/loppui vasta kello seitsemän.
9 Kahva kääntää/kääntyy oikealle.
10 Ongelmat jatkavat/jatkuvat tänäkin vuonna.

Meaning and usage

-malla/-mällä

1 The verb form ending in -**malla**/-**mällä** is used for means and instrument as follows.

Avaa ovi painamalla nappia. (*Open the door by pressing the button.*)

Korjasin hanan vaihtamalla tiivisteen. (*I fixed the tap by changing the seal.*)

How to form words with -malla/-mällä

1 The ending is attached to the third-person plural stem (e.g. **lukevat** > **lukemalla** (*by reading*), **opiskelevat** > **opiskelemalla** (*by studying*), **pelaavat** > **pelaamalla** (*by playing*)).

B Complete with a suitable verb from the box in the -**malla**/-**mällä** form.

hakea,	juoda,	kirjoittaa,	kuunnella,
maalata,	kysyä,	olla,	~~stressata~~

1 Asiat eivät parane stressaamalla.
2 Sirpa uudisti kotinsa täysin _____ seinät.
3 Voit saada uuden työpaikan vain _____ töitä.
4 Hoidan flunssaa _____ appelsiinimehua.
5 Saat neuvoja _____ ammattilaiselta.
6 Voiko blogia _____ ansaita rahaa?
7 Uusia ystäviä saa _____ iloinen ja aktiivinen.
8 Olen auditiivinen oppija: opin parhaiten _____ tarkasti.

Meaning and usage

-matta/-mättä

1 A form ending in -**matta**/-**mättä** is used to express the absence for an action, often with verbs **jäädä** (*to remain, to stay, to be left*), **jättää** (*to leave*) and **olla** (*to be*).

Putkimies lähti korjaamatta hanaa. (*The plumber left without fixing the tap.*)
Portaat jäivät maalaamatta. (*The stairs weren't painted* (literally: *the stairs remained unpainted.*))

2 The ending is attached to the third-person plural stem:

(**sanovat** > **sanomatta** (*without saying*),

opiskelevat > **opiskelematta** (*without studying*),

pelaavat > **pelaamatta** (*without playing*)).

C Use the *-matta/-mättä* form of the verb in brackets.

1 Maalari alkoi syödä <u>pesemättä</u> (pestä) käsiään.
2 Pidin kiinni tikkaista _____ (liikkua).
3 Voi ei! Huoltomies lähti taas _____ (vaihtaa) lamppuja.
4 En voi elää _____ (sisustaa).
5 Taidan jättää taulut _____ (ripustaa).
6 On vaikea tehdä remonttia _____ (häiritä) naapureita.
7 Oho! Kokosit hyllyn _____ (katsoa) ohjeita.
8 Pekalla jäivät taas työt _____ (tehdä).

Meaning and usage

Enclitic particles

1 Enclitic particles are small suffixes that are attached to the ends of words. Here are few of the most commonly used ones.

The particle **-kin** often has the meaning *also, too, even*. When attached to a verb it links back to what has been said before.

Minäkin osaan käyttää porakonetta.	(*I also know how to use an electric drill.*)
Remontin piti kestää viikon, mutta se kestikin kuukauden.	(*The renovation was meant to take a week but it took a month in the end.*)

The particle **-kaan/-kään** has the meaning *either*. When attached to a verb it links back in negative sentences, showing contrast.

Minäkään en haluaisi soittaa huoltomiehelle.	(*I don't feel like calling the handyman either.*)
Mikko halusi ostaa uuden sahan, mutta ei löytänytkään hyvää.	(*Mikko wanted to buy a new saw but couldn't find a good one.*)

The particle **-pa/-pä** is used in exclamations.

Onpa tätä vaikea korjata!	(*Ooh, how difficult this is to fix!*)

The particle **-han/-hän** indicates that the information should be known to both people or everyone. When attached to a question word or the question particle it adds the meaning *I wonder*.

Porakonehan on paljon kätevämpi kuin pora.	(*An electric drill is, as we know, a lot handier than a drill.*)
Missähän taskulamppu taas on?	(*Where is the torch again (I wonder)?*)

D Complete with a suitable enclitic particle.

1 Mitä*hän* korjaaminen maksaa?
2 Oli_____ tehtävä todella vaikea!
3 Tukholma_____ on Pohjoismaiden suurin kaupunki.
4 Remontti maksoi_____ enemmän kuin arvioitiin.
5 Seinät ja lattiat_____ maalataan.
6 Minä_____ en ole vielä ilmoittanut vuodosta.
7 Saako_____ tämän auki ilman työkaluja?
8 Naapurit eivät voineet_____ auttaa meitä, vaikka lupasivat.

Meaning and usage

Commonly used affirmative indefinite pronouns

1 The most commonly used Finnish indefinite pronouns are **joku** (*someone*) and **jokin** (*something, some*). Both parts of **joku** take the ending, **jo-lta-ku-lta** (*from someone*). Only the first part of **jokin** takes the ending, **jo-hon-kin** (*to some, somewhere*).

They change their forms according to their function in a clause. Note that the pronouns may be used on their own or with nouns, as the examples show.

Haluaisin jutella asiasta jonkun kanssa.	(*I would like to talk about the matter with someone.*)
Kuulin vuodosta ensin joltakulta naapurilta.	(*I heard about the leak first from some neighbour.*)
Saanko kysyä jotakin?	(*May I ask something?*)
Hän lähti jo johonkin.	(*He's already gone somewhere.*)
Eikö se ole jossakin laatikossa?	(*Isn't it in some box?*)

2 The plural stems are **joi- kui-** and **joi**:

Joillakuilla on enemmän rahaa.	(*some people have more money*)
Joissakin taloissa oli aurinkopaneelit.	(*some houses had solar panels*)

> *Note that in spoken Finnish only **joku** (someone) and **jonkun** (someone's) are used. The other forms of **joku** are replaced by forms of **jokin** (something). The pronouns have plural forms too.*

E Complete with the correct singular form of the pronoun joku.

1 Onko *jollakulla* mukana sakset?
2 _____ yritti soittaa sinulle.
3 _____ meidän vuokra on liian korkea, mutta meistä se on ok.
4 Lahjoitatko työkalut _____ ystävälle, kun muutat?
5 Tunnetko _____, joka voisi auttaa korjaustöissä?
6 Tapasitko _____ tutun rautakaupassa?
7 Onko tämä _____ paikka?
8 Pyydä apua sähkötöihin _____ ammattilaiselta.

F Choose the right singular form of the pronoun **jokin.**

1 Haluaisitko syödä   **a** jollakin   **b** jotakin   **c** jostakin?
2 Olisi kiva mennä viikonloppuna   **a** jossakin   **b** jotakin   **c** johonkin.
3 Ohjeet ovat   **a** jollakin   **b** jostakin   **c** joillakin tuolilla.
4 Huoltomies saapui   **a** jossakin   **b** jonkin   **c** jollakin ajan kuluttua.
5 Muistaakseni vasara on   **a** joltakin   **b** jostakin   **c** jossakin kaapissa.
6 Ostin tämän   **a** joltakin   **b** jotakin   **c** jossakin torilta.
7 Laita tapettirulla   **a** jollakin   **b** jossakin   **c** jollekin pöydälle.
8 Luin   **a** joissakin   **b** jostakin   **c** jotakin, että boileri
pitää huoltaa joka vuosi.

Meaning and usage

Commonly used negative indefinite pronouns

1 The two commonly used negative pronouns are **ei kukaan** (*no one, not anyone*) and **ei mikään** (*nothing, not any*). The pronouns change their forms like the matching question words and are followed by -**kaan**/-**kään** or -**an**/-**än**:

ei kene-lle-kään (*not to anyone*), **ei missä-än** (*in none, nowhere*).

How to form sentences with negative indefinite pronouns

The negative verb changes its form depending on the subject, as shown in the following examples.

En tunne täällä <u>ketään</u>.	(*I don't know anyone here.*)
<u>Kenelläkään</u> ei ollut mukana taskulamppua.	(*No one had a torch with them.*)
<u>Kukaan</u> ei ole vielä hakenut varaosaa.	(*No one has yet gone to get the spare part.*)
Matti ei löytänyt nauloja <u>mistään</u>.	(*Matti couldn't find the nails anywhere.*)
Heitä ei kiinnosta tänään <u>mikään</u>.	(*Nothing interests them today.*)

G Complete with the correct singular form of *ei kukaan.*

1 <u>Kenelläkään</u> ei ollut mukana mökin avainta.
2 _____ ei osannut vaihtaa sulaketta.
3 En saanut _____ apua tapetoinnissa.
4 En soittanut _____ viasta.
5 Ari ei luottanut _____ näissä asioissa.
6 Viikonloppuisin toimistossa ei ole _____ .
7 Sirpa ei pidä _____ talonmiehestään.

H Complete with the correct singular form of *ei mikään* from the box.

~~mihinkään,~~	mikään,	millään,	miltään,	missään,	mistään,	mitään

1 Älä vie työkalupakkia *mihinkään*!
2 Asiakkaille ei riitä _____.
3 Saksia ei ole _____.
4 Rikkinäinen boileri ei aina haise _____.
5 Ei tässä ole _____ vikaa.
6 Kaisa ei saanut purkkia _____ auki.
7 Risto ei löydä _____ jakoavainta.

Vocabulary

I Complete with a suitable tool or piece of equipment from the box.

~~saksilla,~~	kirveellä,	poralla,	vasaralla,
vatupassilla,	viikatteella,	viilalla,	ämpärillä

1 *Saksilla* leikataan kangasta ja paperia.

2 _____ lyödään naula seinään.

3 _____ kaadetaan puu.

4 _____ leikataan heinää.

5 _____ porataan reikä seinään.

6 _____ katsotaan onko jokin suorassa.

7 _____ pyöristetään terävät kulmat.

8 _____ kannetaan vettä.

J Match related words with each other.

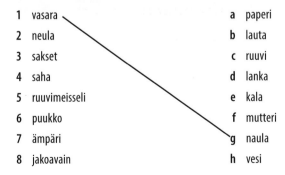

1 vasara   a paperi
2 neula   b lauta
3 sakset   c ruuvi
4 saha   d lanka
5 ruuvimeisseli   e kala
6 puukko   f mutteri
7 ämpäri   g naula
8 jakoavain   h vesi

 **Reading**

K Read the following email to a maintenance company and answer the question below.

Mitkä kaksi asiaa ovat rikki?

_____

Lähettäjä:	Jussi Virtanen
Vastaanottaja:	Taloyhtiö
Aihe:	Etuovi ja sauna

Hyvä taloyhtiö,

Asun asunnossa Kirkkotie 4 A 5. Kirjoitan teille parista pikku viasta.

Ensinnäkin, rapun etuovi on taas rikki. Tällä kertaa se ei mene lukkoon. Te kävitte korjaamassa ovea viikko sitten, kun sen lasi oli rikottu. Lasi vaihdettiin, mutta nyt ilkivaltaa on tehty lukolle. Voisiko joku käydä korjaamassa lukon? Rappu ei tunnu turvalliselta, niin kauan kuin lukko on korjaamatta.

Toiseksi, taloyhtiön saunan sähkökiukaassa on myös jotain vikaa. Kävimme saunassa lauantaina. Se ei lämmennyt kunnolla. Pitäisikö siitä vaihtaa sulake? Yritimme korjata vian itse kääntämällä kiukaan pois päältä ja laittamalla sen taas päälle, mutta se ei auttanut.

Parhain terveisin,

Jussi Virtanen, jussi.virtanen@abcd.fi

L Determine whether the following statements are true (*oikein*) or false (*väärin*) based on the text.

	oikein	väärin
1 Jussin talon etuovea ei voi lukita.		
2 Oven lasi on uusi.		
3 Oveen tarvitaan uusi kahva.		
4 Taloyhtiön sauna oli liian kuuma.		
5 Jussi vaihtoi saunan sulakkeen.		
6 Jussi ei osannut sammuttaa kiuasta.		

M Read the following email asking for help with DIY and answer the questions that follow.

Lähettäjä:	Leena Virta
Vastaanottaja:	Hannu Virta
Aihe:	Mummo

Hei Hannu!

Toivottavasti sinulla oli kiva loma. Voisitko auttaa mummoa taas? Hän haluaisi, että olohuoneen ikkunan edessä oleva puu kaadetaan. Puusta saadaan polttopuita. Ota siis mukaan sekä saha että kirves. Keittiön hana myös vuotaa koko ajan. Mummo sanoo, että siitä pitäisi vaihtaa tiiviste, mutta hän ei osaa tehdä sitä itse. Voi olla, että teidän täytyy käydä ostamassa jotain osia siihen rautakaupasta. Ota myös mukaan pora. Mummo haluaa ripustaa jonkun uuden taulun seinään. Suurkiitokset etukäteen! Tule meille kahville, kun olet käynyt mummulla!

T. Äiti

1 Mitä Hannun täytyy ottaa mukaan, kun hän menee mummolle?

_____

2 Mitä hän tekee näillä työkaluilla?

_____

3 Mikä vika keittiön hanassa on?

_____

4 Mitä Hannun täytyy käydä ostamassa?

_____

# Writing

N Write a description of a fault or an issue to a handyman based on the models provided above. Explain what is wrong, write what you think needs doing, how it could be done and what tools are needed. Write about 80–100 words.

_____

_____

_____

_____

_____

_____

_____

_____

_____

Self-check

Tick the box which matches your level of confidence.

1 = very confident; 2 = need more practice; 3 = not confident

Valitse taulukosta ruutu, joka vastaa taitojasi.

1 = osaan hyvin; 2 = tarvitsen lisää harjoitusta; 3 = en osaa vielä

	1	2	3
Know the difference between intransitive and transitive verbs.			
Use **-malla/-mällä** and **-matta/-mättä** forms.			
Use common enclitic particles **-kin**, **-kaan/-kään**, **-pa/-pä**, and **-han/-hän**.			
Use common indefinite pronouns such as **joku** and **jokin**.			
Use vocabulary for repairs and DIY projects.			
Can scan emails about faults and DIY projects for specific pieces of information. (CEFR B1)			
Can report a fault to a standard conventional format. (CEFR B1)			

19 Ministeri vaikeni lakiuudistuksesta

The minister remained quiet on the law reform

In this unit you will learn how to:

- ✅ Use participles.
- ✅ Use the passive conditional.
- ✅ Use verb type 6 verbs.
- ✅ Recognize the potential mood, a form used in newspapers.

CEFR: Can read news articles concerned with contemporary problems in which the writers adopt particular attitudes or viewpoints (CEFR B2); Can write a text passing on information and giving reasons in support of or against a particular point of view (CEFR B2).

talouspolitiikka työttömyys terrori-isku vaalit
äänestää eduskunta hallitus
puheenjohtaja ehdokas puolustus pörssi osinko
laina kysely tutkimus pakolainen
sota uudistus

Meaning and usage

Participles

1   Finnish has six participles. A participle is a verb that is used in front of a noun like an adjective. In English you would use a relative clause instead, as the following examples show.

active present participle -va/-vä	lehteä lukeva mies	(the man who is reading a newspaper)
active past participle -nut/-nyt	lehden lukenut mies	(the man who has read the newspaper)
passive present participle (-t)tava/(-t)tävä	aamulla luettava lehti	(the newspaper that is read in the morning)
passive past participle (-t)tu/(-y)ty	aamulla luettu lehti	(the newspaper that was read in the morning)
agent participle -ma/-mä	miehen lukema lehti	(the newspaper read by the man)
negative participle -maton/-mätön	lukematon lehti	(an unread newspaper)

2   Note that the agent of the agent participle is in the genitive, e.g. **miehen** (man's, by the man).

How to form words with participles

1   The suffixes are attached to the stems of verbs as follows: -**va**/-**vä**, -**ma**/-**mä** and -**maton**/-**mätön** are attached to the third-person plural stem, -**nut**/-**nyt** is attached to the infinitive stem. The endings -**(t)tava**/-**(t)tävä** and -**(t)tu**/-**(t)ty** are attached to first-person singular stems (verb type 1) and infinitive stems (verb types 2–6). Note that the endings have two **t**'s in verb types 1, 4, 5 and 6, and verb types 2 and 3 have only one **t**, e.g. **katsottu** ((*that has been*) *watched*), **saatu** ((*that has been*) *received*).

A   **Change the relative clauses into the active present participles -*va*/-*vä*.**

    1   mies, joka lukee → _lukeva mies_
    2   poliitikko, joka kertoo ongelmasta → _____
    3   toimittaja, joka haastattelee silminnäkijöitä → _____
    4   nuori, joka etsii töitä → _____
    5   britti, joka asuu Suomessa → _____

B   **Complete with the active past participle -*nut*/-*nyt* form of a suitable verb from the box.**

allekirjoittaa	~~katsoa~~	nousta	tuhoutua	tehdä

    1   uutisia _katsonut_ nainen
    2   yllättäen _____ hinta
    3   terrori-iskussa _____ rakennus
    4   sopimuksen _____ maa
    5   virheen _____ ministeri

C   **Change the relative clauses into the passive present participle -*tava*/-*tävä*.**

    1   raportti, joka julkaistaan huomenna → _huomenna julkaistava_
    2   projekti, joka aloitetaan maanantaina → _____
    3   puheenjohtaja, joka valitaan kokouksessa → _____
    4   todistus, joka liitetään mukaan hakemukseen → _____
    5   teema, jota käsitellään ohjelmassa → _____

D   **Choose the correct past passive participle -*tu*/-*ty*.**

1	gaalassa	a <u>palkittu</u>	b julkaistu	c paistettu urheilija
2	huhtikuussa	a julkaistu	b näytetty	c kuunneltu kirja
3	festivaaleilla	a tilattu	b tehty	c näytetty elokuva
4	kokouksessa	a selitetty	b allekirjoitettu	c valittu sopimus
5	keskustaan	a rakennettu	b kaadettu	c tuhottu silta

E Change the relative clauses into agent participles *-ma/-mä*.

1 lahja, jonka ystävä antoi → *ystävän antama lahja*

2 lupaus, jonka hallitus rikkoi → _____

3 artikkeli, jonka toimittaja kirjoitti → _____

4 diplomaatti, jonka presidentti nimitti → _____

5 kansanedustaja, jonka kansa valitsi → _____

F Change the relative clauses into the negative participle *-maton/-mätön*.

1 ovi, jota ei ole suljettu → *sulkematon ovi*

2 sopimus, jota ei ole allekirjoitettu → _____

3 puisto, jota ei ole siivottu → _____

4 artikkeli, jota ei ole julkaistu → _____

5 vero, jota ei ole kerätty → _____

2 The participles also change their form like adjectives.

Aleksanterinkadulla sijaitsevassa baarissa syttyi tulipalo perjantai-iltana.	(*A fire broke out in the bar located on Aleksanterinkatu.*)
Metsään kadonneen marjanpoimijan etsinnät jatkuvat tänään.	(*The search for the berry picker who went missing in the forest continues today.*)
Nykyisissä junanvaunuissa ei ole **avattavia** ikkunoita.	(*In modern train carriages there aren't windows that can be opened.*)
Yksi **pidätetyistä** miehistä oli 23-vuotias Suomen kansalainen.	(*One of the arrested men was a 23-year-old Finnish citizen.*)
Kolmasosa yrityksistä oli naisten **perustamia** .	(*A third of the companies were founded by women.*)
Käyttämättömät lääkkeet täytyy palauttaa apteekkiin.	(*Unused medicine must be returned to the chemist's.*)

3 Note that the head noun can be left out when it refers to people.

Yksi **pidätetyistä** oli 23-vuotias Suomen kansalainen.	(*One of the arrested was a 23-year-old Finnish citizen.*)
Onnettomuudessa **loukkaantuneet** vietiin ambulanssilla sairaalaan.	(*The ones injured in the accident were taken to the hospital by ambulance.*)

G   Change the form of the participles to match the noun.

1   Täältä näet Helsinki-Vantaan <u>saapuvat</u> (saapuva) ja lähtevät lennot.
2   Yksin _____ (asuva) suomalaisten määrä on lähes kaksinkertaistunut vuodesta 1990.
3   Tutustu _____ (palkittu) kirjailijoihin täällä.
4   Helsingin Sanomien _____ (tilaama) kyselystä selviää puolueiden kannatus.
5   Sunnuntaina tuhoa _____ (aiheuttanut) myrskyn jälkiä korjataan yhä.
6   Sotaa _____ (pakeneva) perheille tarjottiin turvapaikkaa.
7   Kokouksessa keskusteltiin lakiin _____ (tehtävä) muutoksista.
8   _____ (puhdistamaton) jätevesien laskeminen jokeen lopetetaan.

Some of the participles have become words (dictionary entries) in their own right, for example: **etsivä** *(detective (the one who searches)),* **tehtävä** *(exercise, task (to be done)),* **kannattava** *(profitable),* **käytävä** *(corridor (to be gone/walked)),* **loukkaantunut** *(injured),* **väsynyt** *(tired),* **savustettu** *(smoked),* **päättämätön** *(indecisive),* **uskomaton** *(incredible).*

Meaning and usage

Verb type 6

1   Verb type 6 is somewhat more rare than the other verb types. Most of the verbs are derived from adjectives. Verb type 6 verbs end in **-eta/-etä**, and they can have consonant gradation. If they do, the infinitive is in the weak grade and other forms are in the strong grade.

H   Complete the table with the missing forms.

	to age	**lämmetä**	*to warm up*
vanhenen	*I age*		*I warm up*
	you (sing.) age	**lämpenet**	*you (sing.) warm up*
vanhenee	*he/she/it ages*		*he/she/it warms up*
	we age	**lämpenemme**	*we warm up*
vanhenette	*you (pl.) age*	**lämpenette**	*you (pl.) warm up*
vanhenevat	*they age*		*they warm up*

2 Other verb type 6 verbs are:

aueta	(to open)
kuumeta	(to heat up)
kylmetä	(to get colder)
lyhetä	(to get shorter)
nuoreta	(to grow young)
paeta	(to escape, to flee)
pidetä	(to get longer)
pienetä	(to get smaller)
suureta	(to get bigger)
tyhjetä	(to become empty)
vaieta	(to remain silent)
viiletä	(to cool)

I **Complete with the missing verb type 6 forms in the correct form. The verbs are listed above.**

1 Kaupunki _tyhjenee_ juhannukseksi.
2 Saaren asukkaat _____ tsunamiuhkaa vuorille.
3 Ministeri _____ asiasta eikä kommentoi uutista mitenkään.
4 Puhelimen akku _____ ja sitten puhelin lakkasi toimimasta.
5 Suomalaisten työurat _____: eläkkeelle jäädä entistä myöhemmin.
6 Suomen väestö _____: maahanmuuttajat ovat usein alle 30-vuotiaita.
7 Työttömien tulot _____ lakimuutoksen jälkeen.
8 Sää _____: lunta voi sataa jopa etelässä.

Meaning and usage

The passive conditional

1 The passive conditional is for hypothetical situations and wishes as follows.

Uusi museo <u>rakennettaisiin</u> Kauppatorin läheisyyteen.	(The new museum would be built near the Market Square.)
Mitä ruoka <u>maksaisi</u> kuluttajille, jos maanviljelijöitä <u>ei tuettaisi</u> ollenkaan?	(How much would the food cost for consumers if farmers were not given subsidies?)
Kunpa mediassa <u>keskusteltaisiin</u> asiasta enemmän!	(I wish the matter was discussed more in the media!)

How to form the passive conditional

1   The ending -(t)taisiin/-(t)äisiin is attached to the first-person stem of verb type 1 verbs and to the infinitive stem of verb types 2–6, like any other passive ending. Note that the vowels -a and ä at the end of verb type 1 verbs turns into -e-. For example, **ostaa, osta-n > oste-ttaisiin** (*would be bought*), **kuunnel-la > kuunnel-taisiin** (*would be listened to*).

2   The negative passive conditional is formed by using the negative verb **ei** and removing the last -**in** from the affirmative form, e.g. **ei ostettaisi** (*would not be bought*), **ei syötäisi** (*would not be eaten*).

J   Change the passive sentences into the passive conditional.

1   Jos asuntojen hintoja lasketaan, ne myydään nopeammin. → *Jos asuntojen hintoja laskettaisiin, ne myytäisiin nopeammin.*

2   Jos projekti aloitetaan aikaisemmin, ehditään saada kaikki valmiiksi. → _____

3   Jos alkoholiveroa nostetaan, saadaan enemmän rahaa terveydenhuoltoon. → _____

4   Jos lakia muutetaan, vähennetään onnettomuuksien määrää. → _____

5   Jos liitytään NATOon, tarvitaan uusi ulkopoliittinen linjaus. → _____

Meaning and usage

Potential

1   The potential is typical of newspaper language and archaic language. It is worth being able to recognize it. The potential suffix adds the sense of *probably*, *likely* to the verb. The potential -**ne**- is added to the infinitive stem as follows. Note that there is assimilation in verb type 3: the n becomes **l** or **s**. In verb types 4 and 5 the potential marker is -**nne**-.

Infinitive	Potential stem	
puhu-a (1)	puhu-ne-	**Kuva puhunee enemmän kuin tuhat sanaa.** (*A picture probably speaks more than a thousand words.*)
tuo-da (2)	tuo-ne-	**Lumi tuonee ongelmia huomiseen liikenteeseen.** (*The snow is likely to bring problems to tomorrow's traffic.*)
tul-la (3)	tul-le-	**Kaupunkiin tullee turvapaikanhakijoita lähiaikoina.** (*Asylum seekers will come to the town in the near future.*)
nous-ta (3)	nous-se-	**Lämpötila noussee lähelle kevään ennätystä.** (*The temperature is likely to rise close to this spring's record.*)
lisä-tä (4)	lisä-nne-	**Nämä muutokset lisännevät yhteistyötä.** (*These changes are likely to increase collaboration.*)
tarvi-ta (4)	tarvi-nne-	**Pankki tarvinnee valtion tukea.** (*The bank will probably need support from the state.*)

2   The negative forms consist of the stem and the correct form of the negative verb.

Rakentaminen ei alkane keväälläkään. (*The building will probably not start in the spring either.*)

3 The verb **olla** (*to be*) has its own potential stem, **liene**-.

Mika lienee Suomen tatuoiduin mies.   (*Mika is probably is the most tattooed man in Finland.*)

Tulipalo lienee sytytetty tahallaan.   (*The fire must have been lit on purpose.*)

4 The passive potential is a fairly frequent form in newspaper texts. Its marker is **(t)taneen/(t)täneen**.

Veroprosentit pidettäneen ennallaan.   (*Tax percentages will probably be kept as they have been.*)

There are two sources where plain, simplified Finnish is used. Selkouutiset features transcribed radio and TV broadcasts: http://yle.fi/uutiset/osasto/selkouutiset/. Selkosanomat is a weekly newspaper in simplified Finnish: http://selkosanomat.fi/. Popular Finnish newspapers and magazines are, for example, Helsingin Sanomat http://www.hs.fi/, Aamulehti https://www.aamulehti.fi/ and Suomen Kuvalehti https://suomenkuvalehti.fi/. You will find news on the YLE Areena website http://areena.yle.fi/tv and http://areena.yle.fi/radio.

K   Match the beginnings with the ends of each sentence.

1   Onnettomuuden tutkinta   a   alkanee jo tammikuussa.

2   Yritys   b   myynee kiinteistön sijoitusyhtiölle.

3   Tunnelin rakentaminen   c   saataneen valmiiksi loppukeväästä.

4   Helsingin kaupunki   d   vietäneen kuitenkin sairaalaan tarkastettavaksi.

5   Henkilöauton kuljettaja   e   päättynee jo kesään mennessä.

6   Päiväkodin toiminta   f   ilmoittanee irtisanottavien määrän tänään.

7   Keskuspankki   g   ei laskene ohjauskorkoa tänä vuonna.

Vocabulary

L   Match the words with their definitions.

1   vaalit   a   osallistua vaaleihin

2   äänestää   b   parlamentti

3   eduskunta   c   suojautuminen hyökkäykseltä, sotilaallinen strategia

4   hallitus   d   ihmiset ja yhteisöt yhdessä maassa

5   yhteiskunta   e   parlamentaarikko

6   kansanedustaja   f   tapahtuma, jossa valitaan esimerkiksi uusi presidentti tai kansanedustajat

7   puheenjohtaja   g   koostuu ministereistä

8   ehdokas   h   johtaa puoluetta tai kokousta

9   puolustus   i   ihminen, jota voi äänestää vaaleissa

M Find the odd one out.

1	yritys	<u>talous</u>	yhtiö	firma
2	taantuma	lama	laskusuhdanne	talouskasvu
3	pörssi	euro	osinko	osake
4	laina	velka	rahoitus	maksu
5	raha	myynti	tuonti	vienti
6	korko	tilaus	tili	kate
7	konkurssi	lama	velka	valuutta

Reading

N Read the following news item and answer the question.

Mikä Alko on tekstin mukaan?

Valtion omistamassa alkoholin myyntiyhtiössä Alkossa tapahtuu. Palveluaan monipuolistava yhtiö on juuri avannut verkkokaupan kuluttajille. Jos alkoholilain uudistus toteutuu, Alko ottaa käyttöön alkoholia myyvät myymäläautot. Myymäläautot kiertäisivät sovittuja reittejä haja-asutusalueilla. Uusilla myyntikanavilla Alko pyrkii vastaamaan alkoholilain uudistuksen myötä syntyviin kilpailun muutoksiin.

Alkoholilain uudistus murtaa pienen kulman Alkon vähittäismyyntimonopolia. Nykyisin kauppa saa myydä enintään 4,7 prosenttia alkoholia sisältäviä alkoholijuomia. Lakiuudistuksella raja nostettaisiin 5,5 prosenttiin, jolloin ruokakaupat, kioskit ja huoltoasemat voisivat ottaa myyntiin A-olutta sekä nykyistä vahvempia siidereitä ja lonkeroita. Ravintolatkin saanevat myydä alkoholia lähes kellon ympäri.

O   Now answer the comprehension questions based on the text.

1   Mitä Alko on avannut?

_____

2   Mitä Alko saattaa ottaa käyttöön?

_____

3   Mitä kaupat saavat myydä nyt?

_____

4   Mitä kaupat saisivat myydä lakiuudistuksen jälkeen?

_____

5   Mitä muuta uudistuksesta seuraisi?

_____

P   Read the commentary on the new law and determine whether the statements below are true (*oikein*) or false (*väärin*).

Uskon, että lakiuudistuksen myötä ruokakaupassa myynti kasvaisi ja hinnat halpenisivat. Monelle pienelle kaupalle tämä uudistus olisi keino pysyä hengissä. Alko saattaa kuitenkin joutua sulkemaan myymälöitään. Pääosa kuluttajista lienee kuitenkin vastuullisia, ja lakiuudistuksella päästäisiin vihdoin eroon tiukasta holhouskulttuurista. Mielestäni viinit on hyvä saada ruokakaupan valikoimiin, mutta ensin kannattaa katsoa, minkälaisia seurauksia tulee tämänkertaisesta alkoholilain uudistuksesta. Se voi lisätä terveydellisiä ja sosiaalisia ongelmia.

	oikein	väärin
1 Kirjoittaja uskoo, että hinnat nousevat lakiuudistuksen myötä.		
2 Pienet kaupat hyötyisivät uudistuksesta hänen mielestään.		
3 Kirjoittaja haluaa päästä eroon holhouskulttuurista.		
4 Kirjoittaja ei halua olutta vahvempia juomia kauppoihin.		
5 Kirjoittajan uskoo, että uudistuksella ei ole negatiivisia seurauksia.		

# Writing

Q   Read a piece of news in Finnish. Summarize it in a few sentences. Write your own opinion or viewpoint on the matter. Follow the model provided by the reading task. Write about 100–120 words.

_____

_____

_____

_____

_____

_____

_____

_____

_____

_____

Self-check

Tick the box which matches your level of confidence.

1 = very confident;   2 = need more practice;   3 = not confident

Valitse taulukosta ruutu, joka vastaa taitojasi.

1 = osaan hyvin;   2 = tarvitsen lisää harjoitusta;   3 = en osaa vielä

	1	2	3
Use participles.			
Use the passive conditional.			
Use verb type 6 verbs.			
Recognize the potential mood.			
Can read news articles concerned with contemporary problems in which the writers adopt particular attitudes or viewpoints. (CEFR B2)			
Can write a text passing on information and giving reasons in support of or against a particular point of view. (CEFR B2)			

20 Kirjailijan kerrotaan tutkineen Egyptin historiaa tarkoin

The author is said to have carefully studied the history of Egypt

In this unit you will learn how to:

✅ Use the referative construction (*that* clauses).

✅ Use the modal construction to show manner.

✅ Use the instructive, abessive and comitative cases to indicate *with*, *how* or *without*.

✅ Use participles in various constructions.

CEFR: Can read a book review, a complex text where the author adopts a particular viewpoint (CEFR B2); Can write a review of a book or a film (CEFR B2).

Meaning and usage

First referative construction

1 The first referative construction is equivalent to an että (*that*) clause as the following examples show. The action of the että clause happens at the same time or after the action in the main clauses.

Tiedän, että Kaisa tulee huomenna.	(*I know that Kaisa is coming tomorrow.*)
Tiedän Kaisan tulevan huomenna.	(*I know that Kaisa is coming tomorrow.*)
Me kuulemme, että lapset laulavat.	(*We can hear that the children are singing.*)
Me kuulemme lasten laulavan.	(*We can hear the children singing.*)

A Change the *että* clauses into different subject-first referative constructions based on the model provided above.

1 Tiedän, että elokuva tulee teattereihin huomenna. → <u>Tiedän elokuvan tulevan teattereihin huomenna.</u>

2 Opiskelijat tietävät, että tentti on perjantaina. → _____

3 Muistatko, että menemme konserttiin iltapäivällä. → _____

4 Kuulen, että musiikki soi naapurissa. → _____

5 Iida sanoi, että he pitävät musikaaleista. → _____

2 The subject in the referative clause is in the genitive and the verb itself is ends in **-van/-vän**. The ending is attached to the third-person plural stem, e.g. **luke-vat → luke-van** (*reading*), **opiskele-vat → opiskele-van** (*studying*). The form is a present participle in the accusative/ genitive.

3 The subject of the referative construction can be the same as the subject of the main clause. Then it is expressed with the possessive suffix.

Sanoin, että saavun kello 7.	(*I said I would arrive at 7.*)
Sanoin saapuvani kello 7.	(*I said I would arrive at 7.*)
Paul ajattelee, että hän menee konserttiin.	(*Paul thinks that he will go to the concert.*)
Paul ajattelee menevänsä konserttiin.	(*Paul thinks that he will go to the concert.*)

4 The main verb in referative construction is a verb of utterance (e.g. **kertoa** (*to tell*), **sanoa** (*to say*)), verb of cognition (e.g. **uskoa** (*to believe*), **tietää** (*to know*)) or verb of perception (e.g. **kuulla** (*to hear*), **nähdä** (*to see*)).

B Complete the referative clauses with a suitable verb from the box. Remember to use the correct possessive suffix.

jäädä,	mennä,	olla,	saada,	~~saapua,~~	tehdä

1 Sanoin saapuvani kello 7.

2 Risto uskoo _____ työpaikan.

3 He tietävät _____ liian laiskoja.

4 Lupasit _____ sen huomiseksi.

5 Ohjaaja kertoi _____ eläkkeelle.

6 Me ilmoitimme _____ festivaaleille.

Second referative construction

5 The second referative construction replaces an **että** (*that*) clause. The action in the **että** clause has taken place before the action in the main clause.

Kuulin, että he perustivat bändin.	(*I heard that they started a band.*)
Kuulin heidän perustaneen bändin.	(*I heard that they started a band.*)
Saimme tietää, että tarjous oli päättynyt.	(*We found out that the offer had ended.*)
Saimme tietää tarjouksen päättyneen.	(*We found out that the offer had ended.*)

6 The subject in the referative clause is in the genitive and the verb itself ends in **-neen**. The ending is attached to the infinitive stem, e.g. **luke-a → luke-neen** (*having read*), **opiskel-la → opiskel-leen** (*having studied*), **pelata → pela-nneen** (*having played*). The form is a past participle in the accusative/genitive. Note the assimilation in verb type 3 and the two **ns** in verb types 4, 5 and 6.

7 The subject of the referative construction can be the same as the subject of the main clause. Then it is expressed with the possessive suffix.

Luulin, että olin nähnyt elokuvan jo.   (*I thought I'd already seen the film.*)

Luulin nähneeni elokuvan jo.   (*I thought I'd already seen the film.*)

He tiesivät, että olivat valinneet väärin.   (*They knew they'd chosen wrongly.*)

He tiesivät valinneensa väärin.   (*They knew they'd chosen wrongly.*)

C **Choose the correct verb.**

1 Kuulin hänen   **a** *julkaisseen*   **b** säveltäneen   **c** veistäneen uuden kirjan.
2 Tiesitkö Simbergin   **a** laatineen   **b** arvioineen   **c** maalanneen sen taulun?
3 Sain tietää lempinäyttelijäni   **a** esiintyneen   **b** ohjanneen   **c** säveltäneen näytelmässä.
4 Ajattelitko ohjaajan jo   **a** lavastaneen   **b** tarjonneen   **c** valinneen pääosan esittäjän?
5 Luulen gallerian jo   **a** avanneen   **b** tilanneen   **c** julkaisseen näyttelyn.
6 Muistitko Sibeliuksen   **a** lukeneen   **b** säveltäneen   **c** toimittaneen Finlandia-hymnin?

D **Change the *että* clauses into same-subject second referative constructions.**

1 He uskoivat, että olivat kuulleet taiteilijasta. → He uskoivat kuulleensa taiteilijasta.

2 Muistin, että olin lukenut kirjan. → _____

3 Hän sanoi, että hän oli käynyt konsertissa. → _____

4 Tunnustimme, että olimme ladanneet elokuvan netistä. → _____

5 Huomasin, että olin vastannut väärin. → _____

6 Ystäväni väitti, että oli nähnyt minut näyttelyssä. → _____

Meaning and usage

Modal construction

1 The modal construction expresses manner, accompanying circumstance or two co-occurring events, sometimes even consecutive action, a lot like the English *-ing*.

Fanit seurasivat tähteä juosten.   (*The fans followed the star running.*)

Avasin oven nappia painaen.   (*I opened the door pressing a button.*)

Kävelin kotiin laulaen.   (*I walked home singing.*)

Istuimme teatterin aulassa jutellen.   (*We sat in the theatre lobby chatting.*)

Kukka on aluksi violetin punainen muuttuen lopulta siniseksi.   (*The flower is violet-red and (then) turns blue.*)

2 The ending **-en** is attached to the infinitive and the final **-a/-ä** is deleted, for example **puhu-a** (*to speak*) → **puhu-en** (*speaking*), **halut-a** (*to want*) → **halut-en** (*wanting*). If the verb ends in **-e-** the final ending is **-ien**, e.g. **itkeä** (*to cry*) → **itki-en** (*crying*). A one-word object in the modal construction is likely to be placed before the verb, e.g. **nappia painaen** (*pressing a button*).

*Note that the construction overlaps partly with two other constructions, **-malla/-mällä** for manner/means and **-essa/-essä** for simultaneous temporal events, e.g. **Avasin oven painamalla nappia** (I opened the door by pressing a button), **Istuimme sohvalla juttelemassa** (We sat on the sofa chatting).*

E **Change the underlined phrases into the modal constructions.**

1 Istuimme sohvalla <u>ja juttelimme</u>. → *jutellen*
2 'Tietysti', hän vastasi <u>ja nauroi</u>. _____
3 Kunto nousee, <u>kun urheilee</u>. _____
4 Ilma lämpeni <u>ja nousi</u> 15 asteeseen. _____
5 Hän tekee aina työt <u>niin, että stressaa</u>. _____
6 Nautin hitaasta aamusta <u>ja join teetä</u>. _____
7 Tein töitä <u>niin, että unohdin ajan kulumisen</u>. _____
8 Turistit kävelivät ympäri keskustaa <u>ja etsivät museota</u>. _____

Meaning and usage

The comitative

1 The three rarer cases of Finnish are called comitative (**-ine-**), instructive (**-in**) and abessive (**-tta/-ttä**).

2 The comitative is used in the sense *with*. The word in the comitative is secondary to the word it accompanies.

Suomi on kaunis maa tuhansine järvineen ja metsineen.	(*Finland is a beautiful country with its lakes and forests.*)
Oopperalaulaja saapui hotellille vihdoin aamuneljältä kaikkine tavaroineen.	(*The opera singer finally arrived at the hotel, with all his/her things, at 4 a.m.*)

3 The comitative is always in the plural. The head noun takes a possessive suffix.

*Note that **kanssa** means in the company of or together with, e.g. **lasten kanssa** ((together) with the children).*

F Complete the sentences with suitable words from the box.

> ~~lapsineen,~~   laukkuineni,   poroineen,
> rahoineen,   uusine   haasteineen,   vaimoineen

1 Äidit istuivat eturivissä _lapsineen_.

2 Mies oli _____ kuuntelemassa viulukonserttoa.

3 Varkaat veivät kassakoneen _____.

4 Kävelin ulos _____ etsimään taksia.

5 Joulupukki saapuu jouluyönä _____.

6 Uusi vuosi alkoi _____.

The instructive

4 The instructive is used to indicate manner, means or accompanying circumstance. Many of the instructives are lexicalized, which means that they can be found as fixed expressions in the dictionary. The instructive **-in** is in the plural and attached to the plural stem.

Lähdimme kotimatkalle iloisin mielin.   (*We started the journey home feeling happy (literally: with happy minds).*)

Pakkasella ei kannata mennä ulos paljain päin.   (*It's not a good idea to go out bareheaded in freezing temperatures.*)

G Match the beginnings and ends of sentences that contain an instructive.

1	Näin sen	a	kovin ottein.
2	Istuimme juhlissa	b	sunnuntaisin.
3	Liikenteen ajokeli on huono	c	hädin tuskin hereillä.
4	Käymme kirkossa	d	avosylin.
5	Hän selvisi kolarista	e	ehjin nahoin.
6	Pysyin luennolla	f	omin silmin.
7	Kaupunki taistelee sairaalastaan	g	kynsin hampain.
8	Meidät otettiin vastaan Moskovassa	h	monin paikoin.
9	Poliisi kohteli mielenosoittajia	i	kuivin suin.

Some familiar adverbs are fossilized instructive forms: **harvoin** *(rarely),* **niin** *(so),* **oikein** *(correctly, right),* **usein** *(often),* **yksin** *(alone).*

The abessive

4   The meaning of the abessive ending -**tta**/-**ttä** is *without*. It is attached to the stem of the noun either in the singular or the plural. Nowadays the abessive is fairly rare at the ends of the nouns and the preposition **ilman** (*without*) + partitive case are usually used, e.g. **ilman ruokaa** = **ruoatta** (*without food*).

Ihminen voi selvitä useamman viikon (*A person can get by for several weeks without food.*) **ruoatta.**

Lapset kulkivat koko kesän kengittä. (*The children walked the whole summer without shoes.*)

H   Complete with the nouns or phrases provided, changing them into the abessive case.

1   Suomen joukkue voitti kilpailun <u>vaikeuksitta</u> (vaikeus, pl.).

2   Mies eli kokonaisen vuoden _____ (raha, sing.).

3   Lapsi kasvoi _____ (rakkaus, sing.).

4   Treenaamisesta voi _____ (huoli, sing.) pitää parin viikon tauon.

5   Tytöt lähtivät diskoon _____ (takki, pl.).

6   Projekti eteni _____ (ongelma, pl.).

7   Haluan toivottaa teidät _____ (pitempi puhe, pl.) tervetulleeksi vuosijuhlaamme.

 The abessive ending can be frequently seen at the end of a verb form, e.g. **puhumatta** (*without speaking*).

Meaning and usage

Additional uses for the participles

1   Finnish has many participles. They can be used before nouns like adjectives, e.g. **puhuva lintu** (*a talking bird*), **keitetty peruna** (*a boiled potato*). They often translate into relative clauses in English: **auton ostanut mies** (*the man who bought a car*), **ensi viikolla luettava kirja** (*the book that will be read next week*). The participles are also used in the following constructions.

2   **minun on ostettava**   (*I have to buy*)

The passive present participle -**(t)tava**/-**(t)tävä** can be used in a necessive (*have to*) construction. The subject is in the genitive and is followed by the verb **olla** (*to be*) in a suitable form. The participle ending is attached to the first-person singular stem with verb type one (e.g. **lue-n** (*I read*) → **lue-ttava**). The ending is attached to the infinitive stem of other verb types (e.g. **syö-dä** (*to eat*) → **syö-tävä**, **tava-ta** (*to meet*) → **tava-ttava**). The subject is sometimes left out, **asiakkaita on kuunneltava** (*customers have to be listened to, one has to listen to customers*). This construction is used in higher registers.

I Change the *täytyy* (*have to*) clauses into the matching participle construction.

1 Minun täytyy opiskella. → <u>Minun on opiskeltava.</u>
2 Sirkan täytyy saada tietää. → _____
3 EU:n täytyisi tehdä enemmän. → _____
4 Kansalaisten täytyy maksaa veroja. → _____
5 Lasten täytyy mennä kouluun. → _____
6 Kuumalla ilmalla täytyy juoda vettä. → _____

3 **johtaja on tavattavissa aamulla** (*the director can be met in the morning*)

The passive present participle can also be used in the plural inessive **-ssa/-ssä** to indicate possibility. Some verbs have a form ending in **-tavilla/-tävillä**, e.g. **saatavilla** (*available*).

J Complete with suitable **-(t)*tavissa*/-(t)*tävissä*** forms.

haettavissa,	katsottavissa,	luettavissa,
ostettavissa,	~~tavattavissa~~,	tilattavissa

1 Ohjaaja on <u>tavattavissa</u> esityksen yhteydessä.
2 T-paidat ovat _____ nettikaupastamme.
3 Digilehti on _____.
4 Joulukinkut ovat nyt _____ jouluksi.
5 Kevään apurahat ovat _____.
6 Ohjelma on _____ vain Suomessa.

4 **tulin ostaneeksi liikaa** (*I happened to buy too much, I ended up buying too much*)

A combination of the verb **tulla** (*to come*) and **-neeksi** attached to the infinitive stem of the verb expresses an involuntary accidental unplanned action.

K Complete with the **-*neeksi*** form of the verb in brackets.

1 Tulin <u>syöneeksi</u> (syödä) liikaa.
2 Hän tuli _____ (tilata) liian suuren koon.
3 Miten tulit _____ (aloittaa) pianonsoiton?
4 Lenkillä koiran kanssa tulee _____ (pitää) huolta omasta kunnostaan.
5 Tulin kuitenkin _____ (viedä) taulun arvioitavaksi galleriaan.

5 **minun tuli ostettua liikaa** (*I happened to buy too much, I ended up buying too much*)

A similar construction to **tulin ostaneeksi** is **minun tuli ostettua**. They have similar meanings being used for involuntary accidental unplanned action. The **minun tuli ostettua** has a genitive subject, the verb **tulla** (*to come*) in the third person and a passive past participle in the partitive.

6 sain työt tehtyä/tehdyksi (*I managed to get the work done*)

The combination of the verb **saada** (*to get*), an object and **tehtyä** (past passive participle in the partitive) or **tehdyksi** (past passive participle in the translative) is used for managing to do something.

L Choose a suitable verb.

1	Saimme kaikki huoneet	**a** <u>siivottua</u>	**b** avattua	**c** aloitettua.
2	Kirjailija on saanut novellin	**a** laadittua	**b** sovitettua	**c** kirjoitettua valmiiksi.
3	Laulaja sai	**a** esitettyä	**b** soitettua	**c** näyteltyä kappaleen kunnialla loppuun.
4	Sibelius ei saanut	**a** sävellettyä	**b** ohjattua	**c** piirrettyä kahdeksatta sinfoniaansa.
5	Hän sai elokuvan	**a** veistettyä	**b** editoitua	**c** viritettyä.

Vocabulary

M Add the suitable missing words from the box to the set.

kitara,	näyttely,	näyttämö,	solisti,
tuottaja,	valokuva,	yhtye,	asetelma

1 viulu, sello, <u>kitara</u>
2 orkesteri, bändi, _____
3 artisti, laulaja, _____
4 näyttelijä, ohjaaja, _____

5 lava, areena, _____
6 museo, galleria, _____
7 muotokuva, maisema, _____
8 veistos, maalaus, _____

 Reading

N Read the review and answer the following question.

Kuka Kaptah on?

---

   www.matkablogeja.fi

Mika Waltari: Sinuhe egyptiläinen (1945)

Mika Waltarin Sinuhe egyptiläinen on voittamaton kirjaklassikko ja yksi eniten käännetyistä suomalaisista teoksista. Kirjasta on tehty Hollywood-elokuva. Waltari tuli luoneeksi kirjan, jonka sanoma tuntuu yhä ajankohtaiselta.

Waltarin kirja sijoittuu muinaiseen Egyptiin 1300-lukuun ennen ajanlaskun alkua. Tarinan päähenkilö on löytölapsi Sinuhe, joka kasvaa lääkärin talossa. Nuorempana Sinuhe kiertää maailmaa seikkaillen uskollisine orjineen ja rakastuen eri naisiin. Aikuisena lääkäriksi opiskellut Sinuhe ajautuu lähelle vallan keskusta uuden faraon Ekhnaton hoviin, jossa valtaa käyttää kulisseissa omatunnotta sotapäällikkö Horemheb.

Waltarin kerrotaan tutkineen Egyptin historiaa tarkoin kirjoittaessaan romaaniaan. Lukija huomaa kirjan kielen muistuttavan Raamatun kieltä. Waltari tekee Egyptin eläväksi ylevin, runollisin sekä säkenöivin sanoin ja kuvin. Sinuhe egyptiläinen on kiehtova sekoitus muinaishistoriaa ja armotonta taistelua ihanteiden ja todellisuuden välillä. Kirjassa näkee toisen maailmansodan olleen pahimmillaan kirjoitushetkellä. Vallan ja järjestäytyneen vanhoillisen uskonnon kritiikki on ilmiselvää. Kirjan loppua kohden päähenkilö Sinuhe muuttuu pessimistisemmäksi ja katkerammaksi. Sinuhe ei saa selvitettyä elämän tarkoitusta itselleen, toisin kuin hänen maalliseen hyvää keskittyvä orjansa Kaptah.

Waltari oli tuottelias kirjailija, joka koki, että vaikka hän oli kirjoittanut paljon hän ei saanut sanotuksi kaikkea mitä halusi. Sinuhe egyptiläinen on ostettavissa uutena juhlavuoden painoksena.

O Now determine whether the statements below are true (*oikein*) or false (*väärin*).

	oikein	väärin
1 Waltarin kirja on käännetty monelle kielelle.		
2 Kirjan sisältö ei ole enää ajankohtainen.		
3 Sotapäällikkö hallitsee faraon hovia kulisseissa.		
4 Waltari tiesi paljon muinaisesta Egyptistä.		
5 Waltarin kieli on raamatullista ja runollista.		
6 Sinuhe löytää elämän tarkoituksen.		

 # Writing

P   Write a film or a book review. Tell about the plot, characters, setting and message of the film/book according to the model provided in the reading exercise. Write about 100–120 words.

_____

_____

_____

_____

_____

_____

_____

_____

_____

_____

Self-check

Tick the box which matches your level of confidence.

    1 = very confident;   2 = need more practice;   3 = not confident

Valitse taulukosta ruutu, joka vastaa taitojasi.

    1 = osaan hyvin;   2 = tarvitsen lisää harjoitusta;   3 = en osaa vielä

	1	2	3
Use the referative construction (*that* clauses).			
Use the modal construction to show manner.			
Use the instructive, abessive and comitative cases to indicate *with*, *how* or *without*.			
Use participles in various constructions.			
Can read a book review, a complex text where the author adopts a particular viewpoint. (CEFR B2)			
Can write a review of a book or a film. (CEFR B2)			

Unit 1

A

väsynyt, väsyneet; kaunis, kauniissa; uusi, uudella; kokous, kokouksista; perhe, perheessä; omena, omenoista

B

Nominal	Singular stem	Plural stem
kaunis (*beautiful*)	kaunii-	kaunii-
rakas (*beloved, dear*)	rakkaa-	rakkai-
joki (*river*)	joe-	joi-
tulevaisuus (*future*)	tulevaisuude-	tulevaisuuksi-
lusikka (*spoon*)	lusika-	lusikoi-
avain (*key*)	avaime-	avaimi-
lyhyt (*short*)	lyhye-	lyhyi-
käsi (*hand*)	käde-	käsi-
potilas (*patient (in hospital)*)	potilaa-	potilai-
kaupunki (*town*)	kaupungi-	kaupungei-
ruskea (*brown*)	ruskea-	ruskei-
kirja (*book*)	kirja-	kirjoi-
kuningatar (*queen*)	kuningattare-	kuningattari-
kone (*machine*)	konee-	konei-
juures (*root vegetable*)	juurekse-	juureksi-
tennis (*tennis*)	tennikse-	tenniksi-
sopimus (*agreement*)	sopimukse-	sopimuksi-
soitin (*player*)	soittime-	soittimi-
päärynä (*pear*)	päärynä	päärynöi-
sauna (*sauna*)	sauna-	saunoi-
alkoholiton (*alcohol-free*)	alkoholittoma-	alkoholittomi-
kuollut (*dead*)	kuollee-	kuollei-
teos (*work (of art)*)	teokse-	teoksi-
koe (*test*)	koe-	kokee-

C

2 tulevaisuudessa, Amerikkaan **3** kuluneella **4** kädessä **5** kiinalaisessa **6** pienessä perheessä **7** ensimmäisessä kerroksessa **8** rakkaalla lapsella

D

2 rikkaille opiskelijoille **3** tyttäriltä **4** lämpimissä järvissä **5** suurissa kaupungeissa **6** kauniissa kahviloissa **7** isoilla tuoleilla **8** sinisissä silmissä

E

1 kaupasta, kauppaan, kaupoista **2** hintaa, hinnan, hintaan, hinnoista **3** kadulla, katuun, kaduilla, kadut **4** Englannin, Englannissa, englantia, Englantiin **5** koetta, kokeessa, kokeeseen, kokeen

F

2 on **3** olemme **4** ovat **5** on **6** olet **7** olette **8** ovat

G

perhe	family
suku	extended family
äiti	mother
isä	father
sisko	sister
veli	brother
lapsi	child
poika	son
tyttö/tytär	daughter
täti	aunt
eno	maternal uncle
setä	paternal uncle
isoäiti	grandmother
isoisä	grandfather
anoppi	mother-in-law
appi	father-in-law
serkku	cousin

H

siniset, lyhyt, komea, veljet, kihara, lihava, piilolinssit, hoikka

I

ystävällinen	epäystävällinen
aktiivinen	laiska
ujo	sosiaalinen
antelias	pihi
levoton	rauhallinen
mielenkiintoinen	tylsä
avoin	sulkeutunut
tarkka	huolimaton
kiltti	ilkeä

J

Iidalla on kolme siskoa.

K

1 Iidan isä on pitkä ja kalju. **2** Iidan äiti on pitkä ja vaalea, ja hänellä on silmälasit. **3** Kaisalla on tummat kiharat hiukset. **4** Kaikki Iidan perheessä ovat kovaäänisiä, aktiivisia ja iloisia. **5** Hän on vaalea, vähän tukeva ja aika pitkä. **6** Hän on rauhallinen ja luova.

Unit 2

A

avaat (*you open*)	avata	4
saavat (*they get*)	saada	2
tulee (*it comes*)	tulla	3
häiritsen (*I disturb*)	häiritä	5
ostatte (*you (pl.) buy*)	ostaa	1
pyöräilet (*you (sing.) cycle*)	pyöräillä	3
pesemme (*we wash*)	pestä	3
myyn (*I sell*)	myydä	2
istut (*you (sing.) sell*)	istua	1
voi (*s/he can*)	voida	2

B

2 haluaa **3** panen **4** juovat **5** pelaavat **6** voin **7** maksat **8** korjaatte **9** soi **10** vastaan

C

2 ei halua **3** en pane **4** eivät juo **5** eivät pelaa **6** en voi **7** et maksa **8** ette korjaa **9** ei soi **10** en vastaa

D

teen (*I do/make*)	en tee (*I don't do/make*)
teet (*you do/make (sing.)*)	et tee (*you don't do/make (sing.)*)
tekee (*s/he does/makes*)	ei tee (*s/he doesn't do/make*)
teemme (*we do/make*)	emme tee (*we don't do/make*)
teette (*you do/make (pl.)*)	ette tee (*you don't do/make (pl.)*)
tekevät (*they do/make*)	eivät tee (*they don't do/make*)

E

2 tietää **3** käännämme **4** tunnette **5** odottavat **6** leikkivät **7** kylvet **8** kuuntelen **9** suunnittelevat **10** kampaa

F

2 ei tiedä **3** emme käännä **4** ette tunne **5** eivät odota **6** eivät leiki **7** et kylve **8** en kuuntele **9** eivät suunnittele **10** ei kampaa

G

2 puoli kahdeksan **3** kymmenen yli kaksi **4** kuusi **5** varttia vaille neljä **6** neljän aikaan **7** kahdentoista jälkeen **8** ennen seitsemää **9** kymmenen vaille yksitoista

H

2 f **3** a **4** g **5** b **6** h **7** i **8** d **9** c

I

makaan, käyn, harjaan, juon, kuuntelen, paistan, teen, lähden, matkustan, kävelen, juttelen, alan, pidän, joudun, päättyy, urheilen

J

Sirpa on vanhainkodin johtaja.

K

1 väärin **2** oikein **3** väärin **4** oikein **5** väärin **6** väärin **7** oikein

Unit 3

B

2 ruokapöydälle **3** punaisella sohvalla **4** kalliista ravintolasta **5** eteiseen **6** kattoon **7** mökille
8 pihalla

C

2 c - torilta **3 a** - asemalle **4 a** - toimistoon **5 b** - hyllylle **6 a** - klubille **7 b** - yläkerrassa **8 a** - terassilla

D

Noun		Illative singular	Illative plural
työ	(*work, job*)	työhön	_töihin_
kone	(*machine*)	_koneeseen_	koneisiin
kauhea	(*terrible*)	kauheaan	_kauheisiin_
hylly	(*shelf, bookcase*)	_hyllyyn_	hyllyihin
ikkuna	(*window*)	ikkunaan	_ikkunoihin_
mustikka	(*blueberry*)	_mustikkaan_	mustikoihin
posti	(*post office*)	postiin	_posteihin_
varasto	(*warehouse, storage space*)	_varastoon_	varastoihin
vuosi	(*year*)	vuoteen	_vuosiin_

E

2 tilaviin asuntoihin **3** kaikkiin liikkeisiin **4** puhtaisiin lakanoihin **5** pieniin astioihin
6 suuriin kuppeihin **7** uusiin kirjoihin **8** harmaisiin halleihin

F

2 Kupissa on teetä. **3** Nojatuolilla on peitto. **4** Kaapissa on takki. **5** Takassa on puita.
6 Autotallissa on polkupyörä. **7** Lattialla on matto. **8** Jääkapissa on ruokaa.

G

2 Kupissa ei ole teetä. **3** Nojatuolilla ei ole peittoa. **4** Kaapissa ei ole takkia. **5** Takassa ei ole puita.
6 Autotallissa ei ole polkupyörää. **7** Lattialla ei ole mattoa. **8** Jääkapissa ei ole ruokaa.

H

2 ikkunassa **3** parvekkeelle **4** seinällä **5** keittiössä **6** eteiseen **7** vierashuoneessa **8** puutarhassa

I

2 astianpesukone **3** uunissa **4** peilistä **5** tiskialtaaseen **6** hellalla **7** takassa **8** pakastimesta

J

Kerrostaloasunto.

K

1 oikein **2** oikein **3** oikein **4** väärin **5** väärin **6** väärin

L

Vuokralle tarjotaan ylimmän kerroksen siistikuntoinen kolmio Kalevassa. Asunto on tilava ja loistavalla paikalla bussipysäkin lähellä. Matka keskustaan on noin 10 minuuttia. Asunnossa on sauna ja lasitettu parveke sekä parisänky, sohva ja kirjahyllyt. Keittiöstä löytyvät uusi hella, mikroaaltouuni sekä jääkaappi-pakastin. Vuokraan sisältyy laajakaista ja vesimaksu, mutta vuokralaisella täytyy olla oma sähkösopimus. Vuokralaisen luottotiedot täytyy olla kunnossa. Asunto on vuokrattavissa toistaiseksi. Asunnossa ei saa tupakoida, mutta lemmikit ovat tervetulleita. Talossa on hissi. Vuokra on 900 euroa kuussa. Takuuvuokra on yhden kuukauden vuokra, joka maksetaan takaisin loppusiivouksen jälkeen.

Unit 4

A

2 lohta, kastiketta **3** kreikkalaista salaattia **4** tuota suurta annosta **5** kevyttä jälkiruokaa **6** tuoretta leipää **7** kermaa, rasvatonta maitoa **8** pientä palaa

B

2 suuren lohen **3** palaneen paistoksen **4** kalliin pihvin **5** uuden kaulimen **6** inhottavan sienen **7** haudutetun teen **8** nopean munakkaan

C

2 ranskalaiset **3** rusinat **4** limput **5** veitset **6** pähkinät

D

2 tarjoilijoita **3** lihapullia **4** sardiineja **5** erikoiskahveja **6** lämpimiä voileipiä **7** uusia pitsoja **8** suomalaisia oluita

E

2 a **3** a **4** b **5** a **6** c **7** a **8** b

F

2 makeaa **3** hauskaa **4** valkoista **5** halpoja **6** kotimaisia **7** terveellistä **8** ensimmäiset

G

2 g 3 a 4 b 5 h 6 c 7 d 8 e

H

2 epäterveellistä 3 suolatonta 4 kevyttä 5 hapanta 6 vahvaa 7 kypsää 8 pahaa

I

He söivät kaksi ruokalajia.

J

1 väärin 2 väärin 3 oikein 4 oikein 5 oikein 6 väärin

Unit 5

B

2 matkustimme 3 satoi 4 katsoitko 5 nousi 6 kävi 7 uin 8 ymmärsin

C

2 toi 3 tapasit 4 luin 5 aloin 6 teitte 7 valitsit 8 lensittekö

D

istua	minä	minä en istunut
opiskella	hän	hän ei opiskellut
nousta	me	me emme nousseet
häiritä	te	te ette häirinneet
lyhetä	se	se ei lyhennyt
olla	he	he eivät olleet
mennä	sinä	sinä et mennyt
tilata	minä	minä en tilannut
myydä	te	te ette myyneet
tietää	hän	hän ei tiennyt/tietänyt

E

2 olet tehnyt 3 on opiskellut 4 olemme pesseet 5 olette pelanneet 6 ovat valinneet

F

2 Olen käynyt Suomessa kaksi kertaa. **3** Olen asunut kotikaupungissani neljä vuotta. **4** Ei, en ole käynyt Lapissa. **5** Joo, olen syönyt lounasta jo. / Ei, en ole syönyt lounasta vielä. **6** Joo, olen käynyt savusaunassa. / Ei, en ole käynyt savusaunassa koskaan. **7** Joo, olen nähnyt revontulia. / Ei, en ole nähnyt revontulia koskaan. **8** Joo, olen uinut meressä (monta kertaa). / Ei, en ole uinut meressä koskaan.

G

2 olin opiskellut **3** oli halunnut **4** olimme saaneet **5** olitteko ostaneet **6** olivat tunteneet **7** oli etsinyt

H

2 koska **3** että **4** kun **5** jos **6** ennen kuin **7** jotta **8** mutta **9** vaikka **10** samalla kun

I

2 kävin **3** naimisiin **4** avoliitossa **5** erosin **6** ylennystä **7** eläkkeelle **8** menimme

J

Hän on ollut kokki. / Hän on tehnyt kokin töitä.

K

1 väärin **2** väärin **3** oikein **4** oikein **5** väärin **6** väärin

Unit 6

A

2 Ulkona sataa. **3** Huomenaa on aurinkoista. / Huomenna paistaa aurinko. **4** Viime vuonna oli kuuma. **5** Eilen oli perjantai. **6** Helsingissä on kaunista. **7** Nyt on aamu. **8** Ulkona on pimeää.

B

1 f **2** h **3** a **4** e **5** c **6** b **7** d **8** g

C

2 Minulla on kylmä. **3** Minun tekee mieli kahvia. **4** Hänelle tuli jano. **5** Meillä on nälkä. **6** Minun käy sääli häntä. **7** Heillä on tylsää.

D

2 väsyttää **3** harmittaa **4** paleltaa **5** kiinnostaa **6** naurattaa **7** inhottaa

E

2 b **3** a **4** a **5** a

F

2 huhtikuussa **3** tammikuu **4** kesäkuussa **5** elokuussa **6** helmikuu **7** toukokuussa **8** talvella **9** kesä **10** marraskuu

G

2 c - lumikuuroja **3** a - Sadealue **4** c - Pilvisyys **5** b - poutaisessa **6** a - hellelukemiin **7** a - epävakaista **8** c - pakkasennätys

H

pohjoinen	north
itä	east
etelä	south
länsi	west
koillinen	north-east
kaakko	south-east
lounas	south-west
luode	north-west

I

1 oikein **2** oikein **3** väärin **4** oikein **5** oikein

J

Kirjoittajan lempivuodenaika on kesä.

K

1 Häntä inhottaa istua sisällä. **2** Hänellä on ikävä hellepäiviä ja ulkona grillaamista. **3** Marraskuussa piristää kahvi. **4** Häntä kiinnostavat talviurheilulajit. **5** Kaikkia harmittaa, jos jouluna ei sada lunta. **6** Likaiset kadut ja pellot ärsyttävät häntä.

Unit 7

A

2 nukkumassa **3** ulkoilemaan **4** rentoutumaan **5** shoppaamaan **6** tekemästä **7** lähtemässä

B

2 lukemassa lehteä **3** kalastamasta **4** poimimasta **5** tanssimaan **6** vaeltamaan
7 shoppaamaan **8** pelaamaan tennistä

C

2 yksin matkustaminen **3** kitaran soittaminen **4** lenkillä käyminen **5** kielien opiskeleminen
6 musiikin kuunteleminen **7** koripallon pelaaminen **8** joogan harrastaminen

D

2 b - nukkumista **3** a - jääkiekon pelaamisesta **4** a - juoksemista **5** c - rumpujen soittamisen
6 c - leipomisesta **7** a - saunassa käymisestä **8** c - kuorossa laulaminen

E

1 tuonti (*import*), kysyntä (*demand*) **2** istuin (*seat*), paahdin (*toaster*) **3** päätös (*decision*), leivos
(*pastry*) **4** sopimus (*contract*), pettymys (*disappointment*) **5** soutu (*rowing*), pyöräily (*cycling*)
6 urheilija (*athlete, sportsman*), hiihtäjä (*skier*) **7** kampaamo (*hairdresser's*), ohjaamo (*cockpit*)
8 hinnasto (*price list*), kuvasto (*catalogue*) **9** terveys (*health*), kirjallisuus (*literature*) **10** kahvila
(*coffee shop*), kylpylä (*spa*) **11** koululainen (*school kid*), kansalainen (*citizen*) **12** voimakas (*strong,
powerful*), iäkäs (*old, elderly*) **13** lyhyehkö (*quite short*), matalahko (*quite low*) **14** mäkinen (*hilly*),
iloinen (*happy, glad*)

F

2 ratsastus **3** nauraa **4** uinti **5** siivous **6** teatteri **7** kaivaa **8** rusketus

G

2 e **3** a **4** f **5** b **6** h **7** g **8** c

H

Hänen harrastuksensa ovat joogassa käyminen, valokuvaus ja koripallon pelaaminen.

I

1 Kuuma jooga on kuin saunan ja joogan yhdistelmä. Se on todella rentouttavaa. **2** Hän nauttii
meditaatiosta ja hiljaa olemisesta, ja siitä että lihakset vahvistuvat. **3** Joogaan tarvitaan matto ja
mukavat joogavaatteet. **4** Hän harrastaa joogaa hotelleissa ja joogaretriiteissä.

J

1 väärin 2 väärin 3 oikein 4 oikein 5 väärin 6 oikein

Unit 8

A

2 terveen naisen 3 lapsen 4 uuden potilaan 5 terveyskeskuksen 6 lyhyen matkan 7 rasvattoman maidon 8 kipeän selän

B

2 silmien väri 3 vitamiinipillerien 4 kalliiden/kalliitten ruokien 5 urheilijoiden 6 suurten/suurien tehtaiden/tehtaitten 7 juoksumatkojen 8 energisten joogaopettajien

C

2 aseman 3 kahden kulttuurin 4 metsän 5 Helsingin 6 kavereiden 7 järven 8 opintojen

D

2 tämän 3 tuon 4 minun 5 minkä 6 sen 7 meidän 8 sinun

E

2 Juoksijan täytyy venytellä. 3 Kirurgin täytyy leikata sydän. 4 Urheilijan täytyy juosta koko matka. 5 Stressaantuneen opiskelijan täytyy levätä. 6 Talvella meidän täytyy syödä D-vitamiinia. 7 Ihmisten täytyy istua koko päivä. 8 Jennin täytyy ostaa nyrkkeilyhanskat.

F

2 kolmen 3 viiden 4 kahdeksaa 5 yhdestätoista viiteen 6 sadat 7 kahdet 8 kolmiin

G

2 viiteen viikkoon 3 vuodeksi 4 kaksi vuotta 5 kuukauden

H

2 g 3 d 4 e 5 b 6 f 7 h 8 a

I

2 nilkka **3** ranteet **4** kyynärpäätä **5** hammasta **6** reitensä **7** varpaita **8** vatsaan

J

Hänellä on stressi uuden projektin takia.

K

1 väärin **2** väärin **3** oikein **4** oikein **5** väärin

L

1 Hän oli kuumeessa viikon. **2** Lääkäri määräsi antibioottikuurin ja kaksi päivää sairaslomaa. **3** Annalla ei ole energiaa ja hän on vähän masentunut. **4** Illalla Anna katsoo televisiota ja nukahtaa sohvalle. **5** Koska hän kirjoittaa paljon.

M

Hei Anna! Kiitos meilistä. Ei kuulosta hyvältä. Sinun kannattaisi alkaa laittaa ruokaa sunnuntaisin koko viikoksi, jotta et söisi pikaruokaa. Kannattaa myös ostaa terveellistä välipalaa toimistoon. Teidän pomon pitäisi tukea teitä enemmän. Sinun täytyy pyytää häntä antamaan teille kunnon lounastauko, jolloin voit käydä kävelyllä tai kuntosalilla. Ainakin sinun täytyy nousta seisomaan säännöllisesti ja venytellä, kun kirjoitat töissä. Sinun täytyy mennä nukkumaan aikaisin ja joogata ennen nukkumaan menoa. Älä katso televisiota tai työmeilejä iltaisin. Tiedän, että et halua tavata kavereita, mutta on hyvä jutella ystävien kanssa. Koska olet ollut niin sairas, sinun on pakko mennä lääkäriin uudestaan. Ja jouluna sinun täytyy levätä täysin.

Unit 9

A

2 Sinä sanot aina "hei" naapurille. **3** Minä kysyn usein neuvoa pomolta. **4** Kaisa ei lainaa hametta ystävälle/ystävältä. **5** Me lähetimme viime viikolla kirjeen mummolle. **6** He ostivat/ostavat pojalle uuden paidan. **7** Leena vastasi/vastaa asiakkaalle heti. **8** Risto esittelee tyttöystävän vanhemmille huomenna. **9** Minä sain yllätyksen mieheltä eilen aamulla.

B

Nominative	minä	sinä	hän	me	te	he	kuka?
Partitive	minua	*sinua*	häntä	meitä	teitä	heitä	ketä?
Genitive	minun	sinun	hänen	*meidän*	teidän	heidän	kenen?
Accusative	*minut*	sinut	hänet	meidät	teidät	heidät	kenet?
Illative	minuun	sinuun	*häneen*	meihin	teihin	heihin	keneen?
Inessive	minussa	sinussa	hänessä	meissä	*teissä*	heissä	*kenessä?*
Elative	minusta	sinusta	*hänestä*	meistä	teistä	*heistä*	kenestä?
Allative	*minulle*	*sinulle*	hänelle	meille	teille	heille	*kenelle?*
Adessive	minulla	sinulla	hänellä	*meillä*	teillä	heillä	kenellä?
Ablative	minulta	sinulta	*häneltä*	meiltä	teiltä	heiltä	keneltä?

C

2 meille 3 häneen 4 heitä 5 sinusta 6 minulta 7 kenelle 8 heille

D

2 siinä 3 siihen 4 tämä 5 näistä 6 niitä 7 nuo 8 tuolta

E

	Singular	Plural
Nominative	joka	jotka
Partitive	jota	*joita*
Genitive	jonka	joiden
Accusative	*jonka*	jotka
Illative	johon	joihin
Inessive	jossa	*joissa*
Elative	*josta*	joista
Allative	jolle	joille
Adessive	jolla	*joilla*
Ablative	*jolta*	joilta

F

2 h 3 a 4 e 5 b 6 c 7 f 8 g

G

2 jota 3 josta 4 jossa 5 joissa 6 joilla 7 mikä 8 jonka

H

2	aptasapa	saappaat	*boots*
3	kikta	takki	*jacket, coat*
4	ihuiv	huivi	*scarf*
5	opip	pipo	*beanie*
6	uvaatealtets	alusvaatteet	*underwear*
7	kemok	mekko	*dress*
8	uohstu	housut	*trousers*
9	ktaus	sukat	*socks*

I

2 b - pakastimeen **3** a - tiskikoneessa **4** c - imurilla **5** c - vedenkeitintä **6** c - sähkövatkainta
7 a - silitysrautaa

J

2 a **3** b **4** i **5** c **6** g **7** f **8** d **9** e

K

Pesukoneella on kahden vuoden takuu.

L

1 oikein **2** väärin **3** oikein **4** oikein **5** väärin **6** oikein

M

2 kohtuuhintaan **3** tuote **4** kaupan päälle **5** tyytyväinen **6** kotiinkuljetus **7** hiljainen ääni

Unit 10

A

Infinitive	2 SG. affirmative	2 SG. negative	2 PL. affirmative	2 PL. negative
kääntyä	käänny!	*älä käänny!*	kääntykää!	*älkää kääntykö!*
käydä	*käy!*	älä käy!	*käykää*	älkää käykö!
mennä	mene!	*älä mene!*	menkää!	*älkää menkö!*
pelata	pelaa!	älä pelaa!	*pelatkaa!*	älkää pelatko!
valita	valitse!	*älä valitse!*	valitkaa!	älkää valitko!

B

2 d 3 b 4 a 5 e 6 h 7 c 8 f

C

2 kysytään 3 ylitetään 4 käydään 5 tutustutaan 6 ihaillaan 7 vieraillaan 8 kokeillaan

D

2 ei kysytä 3 ei ylitetä 4 ei käydä 5 ei tutustua 6 ei ihailla 7 ei vierailla 8 ei kokeilla

E

2 pääpostia vastapäätä 3 torin vieressä 4 eduskuntatalon lähellä 5 hotellin takana
6 rautatieaseman (juna-aseman) toisella puolella 7 kaupan kautta 8 tien yli

F

2 b - luokse 3 b - välistä 4 c - vierestä 5 c- varressa

G

2 toisiimme 3 toisenne 4 toisilleen 5 toistemme 6 toisiinsa 7 toisianne

H

2 itsestään/itsestänsä 3 itsessään 4 itse 5 itseäsi 6 itseeni 7 itseltämme

I

2 c - kumpaakaan 3 a - eräällä 4 c - kummallekin 5 a - jokainen 6 c - useimmissa

J

2 d 3 f 4 c 5 a 6 h 7 e 8 g

K

2 satamaan 3 tehtaassa 4 vankilassa 5 liikennevaloissa 6 leikkikentällä 7 eläintarhassa
8 bensa-asemalla

L

Tampere sijaitsee kahden järven välissä harjulla.

M

1 oikein 2 oikein 3 väärin 4 väärin 5 oikein 6 oikein

N

itsekseni, pääsen, suoraan, jatka, kunnes, oikealla, eteen, toisillemme, pois

Unit 11

A

2 juhlitaan, ei juhlita 3 poltetaan, ei polteta 4 tehdään, ei tehdä 5 tarvitaan, ei tarvita
6 varataan, ei varata 7 maksetaan, ei makseta 8 noustaan, ei nousta

B

2 lähetetään 3 ollaan 4 sytytetään 5 juhlitaan 6 pidetään 7 lauletaan 8 syödään

C

2 Kynttilä sytytetään. 3 Kakku leivotaan huomenna. 4 Suklaamuna ostetaan kioskilta.
5 Festivaali järjestetään joka vuosi. 6 Naapurille lähetetään kutsu.

D

2 Joulukuusta ei haeta metsästä. 3 Kukkia ei viedä haudalle. 4 Televisiossa ei näytetä isänmaallista
elokuvaa. 5 Äidille ei anneta äitienpäivänä lahjaa. 6 Ennen joulua ei leivota piparkakkuja.

E

2 kahdeskymmenesneljäs joulukuuta 3 ensimmäinen toukokuuta 4 kolmaskymmenes huhtikuuta
5 kahdeskymmenesensimmäinen kesäkuuta 6 kuudes joulukuuta 7 kahdeskymmenesviides
maaliskuuta 8 neljästoista helmikuuta 9 neljäs heinäkuuta 10 yhdestoista elokuuta
11 viidestoista syyskuuta 12 kahdeskymmenes lokakuuta 13 kolmastoista elokuuta
14 kuudes tammikuuta

F

2 yhdennessätoista 3 toisessa 4 kolmanteen 5 neljäntenä 6 yhdeksännellä 7 neljänneksi
8 kuudenneksi

G

2 d 3 c 4 a 5 e 6 h 7 b 8 g

H

2 a - läheistä 3 c - nimi 4 a - konfirmaatiota 5 b - lukion 6 c - työpaikan 7 b - asuntoon

I

1 vastausta, allergiat **2** kotiimme, tulostasi **3** juhlapuku, kutsukortti **4** kutsusta

J

Helsingissä juhlitaan vappua huhtikuun viimeisenä päivänä.

K

1 Vappu on ylioppilaiden ja työläisten juhla. **2** Ylioppilaat laittavat patsaan päähän ylioppilaslakin. **3** He kokoontuvat Kaivopuistoon brunssille. **4** Naiset juoksevat 10 kilometriä toukokuussa. **5** Koska se on kaupungin syntymäpäivä.

L

1 oikein **2** oikein **3** oikein **4** oikein **5** väärin

Unit 12

A

2 herättiin, ei herätty **3** juotiin, ei juotu **4** analysoitiin, ei analysoitu **5** muutettiin, ei muutettu **6** valittiin, ei valittu **7** mentiin, ei menty **8** noustiin, ei noustu

B

2 tehtiin **3** metsästettiin, kalastettiin **4** mainittiin **5** alettiin **6** toteutettiin **7** käytiin **8** liitettiin

C

2 ei käytetty **3** ei oltu **4** ei johdettu **5** ei muutettu

D

2 on pesty **3** on tilattu **4** on tarvittu **5** on kirjoitettu **6** on ymmärretty **7** on nukuttu **8** on juostu

E

2 Kun lahjat oli avattu, mentiin nukkumaan. **3** Kun oli siivottu, tehtiin ruokaa. **4** Kun oli liitytty Euroopan unioniin, oltiin siinä mukana loppuun asti. **5** Kun menetettiin työpaikka, muutettiin Ruotsiin. **6** Kun jouduttiin sotaa, taisteltiin.

F

2 jatkamasta **3** kirjoittamaan **4** tanssimaan **5** pelkäämään **6** käymästä **7** muuttamasta **8** ottamaan

G

2 Elokuva sai lapsen nauramaan. **3** Minä joudun laittamaan herätyskellon soimaan. **4** Mikään ei estä suomalaista menemästä saunaan. **5** Hän pyrkii aina tekemään kaiken hyvin. **6** Me opimme nopeasti käyttämään uutta kahvinkeitintä. **7** Eilen hän pyysi minua palauttamaan kirjan.

H

2 c - vastedes **3** a - jopa **4** b - siitä huolimatta **5** c - etenkin **6** a - puolestaan **7** a - päinvastoin

I

2 keskiajalla **3** perusti **4** taistelivat **5** sodan **6** kehittyivät **7** hyväksyi **8** sisällissota

J

Punaiset ja valkoiset taistelivat toisiaan vastaan Suomen sisällissodassa.

K

1 Eduskunta hyväksyi itsenäisyysjulistuksen silloin. **2** Valkoiset eli porvarit voittivat sisällissodan. **3** Yli 400 000 suomalaista joutui muuttamaan pois. **4** Suomi myi paperia ulkomaille. **5** Suomi liittyi Euroopan unioniin vuonna 1995. **6** Vuonna 2002 Suomessa otettiin käyttöön euro.

Unit 13

A

		Affirmative	Negative
1	asua, minä	*asuisin*	*en asuisi*
2	olla, sinä	olisit	et olisi
3	osata, hän	osaisi	*ei osaisi*
4	valita, me	*valitsisimme*	emme valitsisi
5	juoda, te	joisitte	*ette joisi*
6	mennä, minä	*menisin*	en menisi
7	kuunnella, sinä	kuuntelisit	et kuuntelisi
8	levätä, hän	lepäisi	*ei lepäisi*

B

2 voisit **3** saisin **4** haluaisin **5** veisit **6** sanoisit **7** olisit **8** istuisit

C

2 Maksaisin pois opintolainani. **3** Veisin perheeni ulos syömään. **4** Matkustaisin maailman ympäri. **5** Investoisin rahaa. **6** Antaisin rahaa hyväntekeväisyyteen. **7** Vaihtaisin vanhan auton uuteen. **8** En jatkaisi työntekoa.

D

2 olisit juossut **3** olisi nauranut **4** olisimme syöneet **5** olisivat tehneet **6** et olisi opiskellut **7** olisi mennyt **8** ette olisi lukeneet

E

2 Opiskelijat olisivat oppineet enemmän, jos he olisivat kerranneet kotona. **3** Lapsi olisi syönyt ruoan loppuun, jos hänellä olisi ollut nälkä. **4** Olisin sanonut "hei", jos olisin huomannut sinut. **5** Olisimme vieneet pullot kauppaan, jos se olisi ollut lähempänä. **6** Me olisimme osanneet konditionaalin, jos olisimme harjoitelleet enemmän. **7** He olisivat tulleet ajoissa, jos he eivät olisi eksyneet.

F

2 Paristot täytyy viedä keräyspisteeseen. **3** Ennen baarissa sai polttaa sisällä. **4** Muovi täytyy valitettavasti polttaa. **5** Vanhoja urheiluvälineitä ei tarvitse heittää pois. **6** Kannattaa kulkea lyhyet matkat jalan tai pyörällä. **7** Jos haluaa elää ympäristöystävällisesti, täytyy yrittää kuluttaa vähemmän.

G

2 kestävä **3** jätteen **4** ilmansaasteita **5** kuluttaa **6** lajitellaan **7** luomuruokaa **8** keräysastioihinsa

H

2 a **3** h **4** b **5** g **6** c **7** f **8** e

I

2 pantti **3** reilu **4** kivi **5** kulutus **6** kauppa **7** auttaa

J

Kierrätys kuuluu vihreään elämäntapaan.

K

1 Lähes 100 prosenttia. **2** Lasipullo käytetään uudelleen 33 kertaa. **3** Alumiinitölkit ja muovipullot. **4** Muovi poltetaan yleensä Suomessa. **5** Paristot ja pienakut voi palauttaa liikkeisiin, jotka myyvät niitä. **6** Hyväntekeväisyysjärjestöt keräävät puhtaita vaatteita, jotka kelpaavat uudelleen käyttöön.

L

1 elämäntapaa **2** kierrättää **3** kierrätysaste **4** pantin **5** keräyskontteja **6** käytettyjä **7** kaatopaikalle

M

Suomessa kierrätetään paljon. Jos veisit pullot takaisin kauppaan, saisit pantin takaisin. Metalli ja paperi sinun pitäisi myös kierrättää. Kerrostalojen pihassa on yleensä kierrätysastiat. Paristot ja pienakut voit viedä takaisin kauppaan, josta ostit ne. Muovi valitettavasti poltetaan, mutta sitä varten on myös omat keräysastiansa. Suomessa on paljon kirpputoreja ja ne ovat suosittuja. Jos ostaisit vaatteet, astiat, huonekalut ja urheiluvälineet kirpputorilta, säästäisit rahaa. Kannattaa viedä vanhat vaatteet kirpputorille tai vaatekauppaan. Se on hyväksi ympäristölle. Älä käy kylvyssä. Nopea suihku säästää vettä. Jos sammuttaisit valot ja laitteet, kun lähdet huoneesta, säästäisit paljon sähköä.

Unit 14

A

vuodessa	*vuosissa*
omenasta	*omenoista*
asiakkaalta	asiakkailta
ystävällä	ystävillä
pojalla	pojilla
ostajalla	*ostajilla*
lentokoneella	lentokoneilla
teessä	teissä
lattialla	*lattioilla*
mustikasta	mustikoista
näyttelijälle	näyttelijöille
rakkaudesta	rakkauksista
banaanista	*banaaneista*
baarissa	baareissa
leipomosta	leipomoista
pullossa	*pulloissa*
yllätyksestä	yllätyksistä

B

2 opiskelijoilla, opettajilla **3** monista mielenkiintoisista asioista **4** uusissa matkaoppaissa
5 suomalaisissa saunoissa **6** pankeissa, posteissa **7** pyörillä, busseilla **8** upeista tarjouksista

C

2 eksoottisiin maihin **3** metsiin ja järviin **4** epäkohteliaisiin tarjoilijoihin **5** moniin konferensseihin
6 romanttisiin kaupunkeihin **7** vanhoihin linnoihin **8** vaikeisiin tilanteisiin

D

2 sopivalta **3** hintaan **4** tupakalta **5** maisemiin **6** säähän **7** oudolta **8** kysymykseen

E

2 joko tai **3** paitsi **4** sekä että **5** kunhan **6** jollei **7** jahka **8** ikään kuin

F

2 kiertoajelulle **3** lähtöselvitys **4** portilla **5** käsimatkatavarat **6** majoitus **7** rokotteet
8 matkavakuutus

G

2 f **3** h **4** b **5** e **6** d **7** a **8** g

H

1 hengen **2** kysellyt, vapaita **3** mahdollista, käy

I

Kuopio sijaitsee Itä-Suomessa Saimaan rannalla.

J

1 b **2** c **3** a **4** c **5** a

K

1 He söivät kalakukkoa ja ohrarieskaa. **2** Hän haluaa mennä ortodoksiseen kirkkomuseoon
ja Minna Canthin huoneeseen. **3** Koska se oli kätevin ja edullisin vaihtoehto lasten kanssa.
4 Kuopioon pääsee lentokoneella 45 minuutissa. **5** Junamatka kestää neljä tuntia.

Unit 15

A

1 pöytiä **2** banaaneja **3** makkaroita **4** taloja **5** paloja **6** hakijoita **7** asemia **8** asteita **9** vieraita **10** videoita **11** ruotsalaisia **12** saaria **13** keittimiä **14** susia **15** leipureita **16** vaaleita

B

2 paljon kissoja, koiria ja hevosia **3** paljon omenoita/omenia, banaaneja ja appelsiineja **4** paljon kirjeitä, kortteja ja viestejä **5** paljon järviä, vuoria ja metsiä **6** paljon taloja, mökkejä ja asuntoja **7** paljon ystäviä, kavereita ja tuttuja **8** paljon lapsia, miehiä ja naisia

C

2 Sudet ovat vaarallisia. **3** Joet ovat matalia. **4** Karhut ovat ruskeita. **5** Pojat ovat kivoja. **6** Järvet ovat syviä. **7** Lapset ovat iloisia. **8** Vuoret ovat korkeita.

D

2 villejä eläimiä **3** vanhoja kirjoja **4** pieniä lapsia **5** kauniita kuppeja **6** erilaisia kaloja **7** uusia pyöriä **8** mielenkiintoisia juttuja

E

2 e **3** a **4** g **5** c **6** h **7** d **8** f

F

2 joista **3** joita **4** joista **5** joiden **6** joiden **7** joihin

G

2 havupuita **3** jyrsijöitä **4** lehtipuita **5** matelijoita **6** jyrsijöitä **7** lintuja **8** hyönteisiä

H

2 koira **3** koivu **4** kallio **5** niemi **6** laakso **7** siili **8** ilves

I

Suomen pinta-alasta on metsää noin 78%.

J

1 Suomessa kasvaa koivuja, leppiä ja haapoja. **2** Suomen suurpedot ovat karhu, susi, ilves ja ahma. **3** Öisin liikkuvat siilit. **4** Pääsky on muuttolintu. **5** Talvella ei näe matelijoita ja sammakoita. **6** Koska Suomessa on paljon soita.

Unit 16

A

2 euroiksi **3** insinööriksi **4** valmiiksi **5** tuuliseksi **6** juhannukseksi **7** maaksi **8** professoriksi

B

2 hermostuneina **3** sairaana **4** tulkkina **5** kynänä **6** kylminä **7** sunnuntai-iltana **8** ensi kesänä

C

2 c - luotettavina **3** a - nuorena **4** a - hämmästyneenä **5** a - valmiiksi **6** b - hyvältä **7** a - tietokoneena
8 a - opeksi

D

2 Sinusta ei tullut professoria. **3** Minun ystävästäni tulee laulaja. **4** Pojista tuli poliiseja. **5** Meistä on
tullut opiskelijoita taas. **6** Opiskelijoista tuli väsyneitä. **7** Tästä päivästä tulee upea/mahtava/ihana.
8 Teestä tuli vahvaa.

E

2 kiittääkseen **3** laittaaksenne **4** kysyäksemme **5** valmistuaksesi **6** keskustellakseen

F

2 nähdäksemme joulupukin. **3** puhuakseni juhlista. **4** saadaksesi töitä Suomesta. **5** kerratakseni
kielioppia. **6** kysyäkseen lisää tietoa kurssista. **7** voittaakseni palkinnon. **8** treenatakseen sisällä.

G

2 lukio **3** ammattikoulusta **4** ylioppilaskirjoitukset **5** pääsykoe **6** todistuksen **7** työharjoittelusta
8 tutkinto

H

2 koulutus **3** arvosana **4** ruokala **5** lehti **6** opiskelija **7** tutkinto **8** lentokone

I

opetuskieli, kotitehtäviä, läsnäoloa, intensiivisiä, verkkokursseja

J

Ala-asteella on kuusi luokkaa ja yläasteella on kolme luokkaa.

K

1 Hän meni esikouluun 6-vuotiaana ja kouluun 7-vuotiaana. **2** Puolet oppilaista osasivat lukea. **3** Hän opiskeli englantia ja ruotsia. **4** Suomalaiset pääsevät peruskoulusta 15-vuotiaina.

L

1 väärin **2** väärin **3** oikein **4** väärin **5** väärin **6** oikein

Unit 17

A

2 pitempi/pidempi **3** halvempi **4** parempi **5** pienempi **6** stressaavampi **7** rikkaampi

B

2 pitemmällä/pidemmällä **3** halvemman **4** makeampaa **5** paremman **6** kalliimmalla
7 mielenkiintoisempia

C

2 Sinä olet minua lyhyempi. **3** Pariisi on Lontoota kauniimpi. **4** Koirat ovat kissoja kivempia.
5 Kirjat ovat elokuvia parempia.

D

Adjective	Superlative	Adjective	Superlative
nuori	nuorin	kaunis	kaunein
hidas	hitain	halpa	halvin
hyvä	paras	suomalainen	suomalaisin
pieni	pienin	pitkä	pisin
helppo	helpoin	tuore	tuorein

E

2 viimeisimmässä **3** vanhimmalla **4** kalleimpaan **5** halvimman **6** onnistuneimmassa **7** taitavimpia

F

2 hitaammin, hitaimmin **3** huolellisemmin, huolellisimmin **4** huonommin, huonoiten
5 enemmän, eniten

G

2 c - neuvotteluhuoneenne **3** a - esimiehensä **4** c - mukisi **5** b - tiimissäni **6** b - hankkeemme **7** a - pöydällään

H

2 isäni **3** asuntoonsa **4** siskosi **5** työkavereistani **6** asiakkaamme

I

2 syödessään aamupalaa **3** matkustaessamme **4** herätessäni **5** opettajan puhuessa **6** naapurien häiritessä **7** työntekijöiden stressatessa

J

2 kirjoitettuaan tentin **3** oltuaan töissä kahdeksan tuntia **4** pelattuasi jalkapalloa **5** ostettuanne mökin **6** vaimoni valittua värin **7** asiakkaan annettua palautetta

K

2 alainen **3** potkut **4** aamuvuoro **5** palaveri **6** lakko **7** lomautus **8** työnantaja

L

2 vakituinen **3** osa-aikainen **4** epäpätevä **5** epäluotettava **6** vaativa **7** huolimaton **8** kunnianhimoinen

M

Hän hakee englannin kielen opettajan vakituista osa-aikaista työtä.

N

1 Ei, se on osa-aikainen. **2** Se oli Avoimet työpaikat -palvelussa netissä. **3** Hän opetti englantia Kiinassa ja Thaimaassa viisi vuotta. **4** Suomessa hän on antanut englannin kielen yksityistunteja ja ollut viransijaisena Helsingin yliopiston kielikeskuksessa kaksi lukukautta. **5** Kommunikatiivinen metodi ja digitaalinen oppiminen. **6** Hakemuksen liitteenä ovat Janen ansioluettelo ja työtodistukset.

Unit 18

A

2 lämpenee **3** avata **4** aloitti **5** muutin **6** sammutitko **7** löytänyt **8** loppui **9** kääntyy **10** jatkuvat

B

2 maalaamalla **3** hakemalla **4** juomalla **5** kysymällä **6** kirjoittamalla **7** olemalla **8** kuuntelemalla

C

2 liikkumatta **3** vaihtamatta **4** sisustamatta **5** ripustamatta **6** häiritsemättä **7** katsomatta **8** tekemättä

D

2 Oli*pa* **3** Tukholma*han* **4** maksoi*kin* **5** lattiat*kin* **6** Minä*kään* **7** Saako*han* **8** voineet*kaan*

E

2 joku **3** jostakusta **4** jollekulle **5** jonkun **6** jonkun **7** jonkun **8** joltakulta

F

2 c - johonkin **3** a - jollakin **4** b - jonkin **5** c - jossakin **6** a - joltakin **7** c - jollekin **8** b - jostakin

G

2 kukaan **3** keneltäkään **4** kenellekään **5** keneenkään **6** ketään **7** kenestäkään

H

2 mikään **3** missään **4** miltään **5** mitään **6** millään **7** mistään

I

2 vasaralla **3** kirveellä **4** viikatteella **5** poralla **6** vatupassilla **7** viilalla **8** ämpärillä

J

neula - lanka, sakset - paperi, saha - lauta, ruuvimeisseli - ruuvi, puukko - kala, ämpäri - vesi, jakoavain - mutteri

K

Rapun etuovi ja saunan sähkökiuas ovat rikki.

L

1 oikein **2** oikein **3** väärin **4** väärin **5** väärin **6** väärin

M

1 Hänen täytyy ottaa mukaan kirves, saha ja pora. **2** Kirveellä ja sahalla Hannu kaataa puun ja tekee polttopuita. Poralla hän voi ripustaa taulun seinään. **3** Keittiön hana vuotaa koko ajan. **4** Hannun täytyy käydä ostamassa tiiviste tai muita osia hanaan.

Unit 19

A

2 ongelmasta kertova poliitikko **3** silminnäkijöitä haastatteleva poliitikko **4** töitä etsivä nuori **5** Suomessa asuva britti

B

2 noussut **3** tuhoutunut **4** allekirjoittanut **5** tehnyt

C

2 maanantaina aloitettava projekti **3** kokouksessa valittava puheenjohtaja **4** hakemuskeen mukaan liitettävä todistus **5** ohjelmassa käsiteltävä teema

D

2 a - julkaistu **3** c - näytetty **4** b - allekirjoitettu **5** a - rakennettu

E

2 hallituksen rikkoma lupaus **3** toimittajan kirjoittama artikkeli **4** presidentin nimittämä diplomaatti **5** kansan valitsema kansanedustaja

F

2 allekirjoittamaton sopimus **3** siivoamaton puisto **4** julkaisematon artikkeli **5** keräämätön vero

G

2 asuvien **3** palkittuihin **4** tilaamasta **5** aiheuttaneen **6** pakeneville **7** tehtävistä **8** puhdistamattomien

H

vanheta	*to age*	lämmetä	*to warm up*
vanhenen	*I age*	lämpenen	*I warm up*
vanhenet	*you (sing.) age*	lämpenet	*you (sing.) warm up*
vanhenee	*he/she/it ages*	lämpenee	*he/she/it warms up*
vanhenemme	*we age*	lämpenemme	*we warm up*
vanhenette	*you (pl.) age*	lämpenette	*you (pl.) warm up*
vanhenevat	*they age*	lämpenevät	*they warm up*

I

2 pakenevat/pakenivat **3** vaikenee/vaikeni **4** tyhjeni **5** pitenevät **6** nuorenee **7** pienenevät
8 kylmenee

J

2 Jos projekti aloitettaisiin aikaisemmin, ehdittäisiin saada kaikki valmiiksi. **3** Jos alkoholiveroa
nostettaisiin, saataisiin enemmän rahaa terveydenhuoltoon. **4** Jos lakia muutettaisiin,
vähennettäisiin onnettomuuksia. **5** Jos liityttäisiin NATOon, tarvittaisiin uusi ulkopoliittinen linja.

K

2 f **3** a **4** b **5** d **6** e **7** g

L

2 a **3** b **4** g **5** d **6** e **7** h **8** i **9** c

M

2 talouskasvu **3** euro **4** rahoitus **5** raha **6** tilaus **7** valuutta

N

Alko on valtion omistama alkoholin myyntiyhtiö.

O

1 Alko on avannut verkkokaupan kuluttajille. **2** Alko saattaa ottaa käyttöön alkoholia myyvät
myymäläautot. **3** Kaupat saavat nykyään myydä enintään 4,7 prosenttia alkoholia sisältäviä
alkoholijuomia. **4** Uudistuksen jälkeen kaupat saisivat myydä 5,5 prosenttia alkoholia sisältäviä
juomia eli A-olutta ja vahvempia siidereitä ja lonkeroita. **5** Ravintolat saisivat myydä alkoholia
lähes kellon ympäri.

P

1 väärin **2** oikein **3** oikein **4** väärin **5** väärin

Unit 20

A

2 Opiskelijat tietävät tentin olevan perjantaina. **3** Muistatko meidän menevän konserttiin
iltapäivällä. **4** Kuulen musiikin soivan naapurissa. **5** Iida sanoi heidän pitävän musikaaleista.

B

2 saavansa **3** olevansa **4** tekeväsi **5** jäävänsä **6** menevämme

C

2 c - maalanneen **3** a - esiintyneen **4** c - valinneen **5** a - avanneen **6** b - säveltäneen

D

2 Muistin lukeneeni kirjan. **3** Hän sanoi käyneensä konsertissa. **4** Tunnustimme ladanneemme elokuvan netistä. **5** Huomasin vastanneeni väärin. **6** Ystäväni väitti nähneensä minut näyttelyssä.

E

2 nauraen **3** urheillen **4** nousten **5** stressaten **6** juoden teetä **7** unohtaen ajan kulumisen **8** etsien museota

F

2 vaimoineen **3** rahoineen **4** laukkuineni **5** poroineen **6** uusine haasteineen

G

2 i **3** h **4** b **5** e **6** c **7** g **8** d **9** a

H

2 rahatta **3** rakkaudetta **4** huoletta **5** takeitta **6** ongelmitta **7** pitemmittä puheitta

I

2 Sirkan on saatava tietää lisää. **3** EU:n olisi tehtävä enemmän. **4** Kansalaisten on maksettava veroja. **5** Lasten on mentävä kouluun. **6** Kuumalla ilmalla on juotava vettä.

J

2 ostettavissa **3** luettavissa **4** tilattavissa **5** haettavissa **6** katsottavissa

K

2 tilanneeksi **3** aloittaneeksi **4** pitäneeksi **5** vieneeksi

L

2 c - kirjoitettua **3** a - esitettyä **4** a - sävellettyä **5** b - editoitua

M

2 yhtye **3** solisti **4** tuottaja **5** näyttämö **6** näyttely **7** asetelma **8** valokuva

N

Kaptah on Sinuhen uskollinen orja.

O

1 oikein **2** väärin **3** oikein **4** oikein **5** oikein **6** väärin

Accusative case has the ending **-n** in the singular and the ending **-t** in the plural. In the singular the accusative is identical with the genitive singular and in the plural it is identical with the nominative plural. The pronouns have an accusative ending in **-t**, e.g. **minut** (*me*). The accusative is the ending when there is a result and the whole object is affected.

Adjective is a describing word denoting qualities, size and colour and giving more information about a noun, e.g. **hyvä** (*good*), **pieni** (*small*), **punainen** (*red*).

Adverb is a word that indicates manner, degree, time or place, e.g. **hyvin** (*well*), **paljon** (*a lot*), **eilen** (*yesterday*), **ulkona** (*outside*).

Conjunction is a word that combines phrases or clauses, e.g. **ja** (*and*), **koska** (*because*).

Consonant gradation affects the stops **k**, **p**, **t** and the combinations of the stops with other sounds. It can be described as a weakening of the consonant sounds before endings consisting of a consonant or beginning with a consonant, e.g. **konsertti** (*concert*), **konserti-t** (*concerts*), **konserti-ssa** (*in a concert*). It affects both nouns and verbs. Consonant gradation could be seen as a soft, quicker way of pronouncing the same sound.

Countable noun is a noun that can be counted and would in English take an indefinite article, for example **kirja** (*a book*), **kaksi kirjaa** (*two books*), **monta kirjaa** (*many books*).

Existential clause is a *there is/are* clause, e.g. **pöydällä on kirja** (*there is a book on the table*). The word order in these clauses is fixed, starting with the place. The verb is always in the third-person singular.

Genitive case with the ending **-n** is the case in Finnish that expresses possession, much like the English *'s*, for example, **Liisa-n kirja** (*Liisa's book*). It is also used as a subject in necessive clauses and with postpositions, e.g. **minu-n täytyy opiskella** (*I have to study*), **talo-n takana** (*behind the house*).

Habitive clause is used in Finnish to show that someone has something, e.g. **Liisalla on kissa** (*Liisa has a cat*). The person who has something takes the ending **-lla/-llä** and the verb **olla** (*to be*) is always in the third-person singular. Finnish does not have a verb meaning *to have*.

Illative case has the endings **-Vn**, **-hVn** and **-seen**. The V stands for the last vowel of the inflectional stem of the word. The meaning of the illative is *into, to*. It always has the strong grade.

Inflectional stem is a form of a noun, adjective, numeral or pronoun where Finnish endings are added. It does not appear on its own. It is worth knowing both the singular and the plural stem. For example, the inflectional stem of **kokous** (*meeting*) is **kokoukse-**. The plural stem is **kokouksi-**. Now you can add the ending **-ssa** to the word: **kokoukse-ssa** (*at a/the meeting*), **kokouksi-ssa** (*at (the) meetings*).

Mass noun is a noun that denotes things that cannot be counted, such as food, drink, substances, materials and abstract things, e.g. **pasta** (*pasta*), **kahvi** (*coffee*), **ilma** (*air*), **nahka** (*leather*), **rakkaus** (*love*). Mass nouns are often in the partitive.

Necessive clause is a clause with the basic meaning *have to/doesn't have to*, e.g. **Liisan täytyy herätä aikaisin** (*Liisa has to get up early*). The subject is always in the genitive case and the main verb is in the third-person singular followed by an infinitive.

Noun refers to a thing, person, place, quality, idea or state, e.g. **kynä** (*pen*), **opettaja** (*teacher*), **kahvila** (*café*), **kohteliaisuus** (*politeness*), **marxismi** (*Marxism*), **väsymys** (*tiredness*).

Noun type refers in this book to groups of nouns, adjectives, pronouns and numerals that get a certain partitive ending and a certain inflectional stem. For example, **e**-words is a noun type: **huone** (*room*), **huonetta** (*partitive*), **huonee-** (*inflectional stem*).

Numeral refers to any number in a language, e.g. **kymmenen** (*ten*), **ensimmäinen** (*first*), **kolmas** (*third*).

Object is the thing in a sentence that is acted upon by the subject. In the sentence **Liisa syö puuroa** (*Liisa is eating porridge*), **puuroa** (*porridge*) is the object. In Finnish objects can be in the accusative or the partitive case.

Pronoun is a word that replaces a noun in a clause, e.g. **minä** (*I*), **itseni** (*myself*), **toisilleen** (*to each other*).

Participle is an adjectival form of a verb placed in front of a noun, e.g. **puhuva lintu** (*talking bird*). They are also used in different tenses, e.g. **olen katsonut** (*I have watched*).

Partitive is a case that has several functions in Finnish. It often does not match any grammatical ending or word in English. Its general meaning is indefiniteness and *some*. There is a strong link between negation and the partitive. It has three variants depending on the noun it is attached to. Nouns ending in a single vowel take -**a**/-**ä**, e.g. **englanti-a** (*English*), **kynä-ä** (*pen*). Nouns ending in two vowels or a consonant take the version -**ta**/-**tä**, e.g. **televisio-ta** (*television*), **mies-tä** (*man*). Words ending in a single **e** take the variant **tta**/**ttä**, e.g. **huone-tta** (*room*). Note the partitive forms of words like **vuosi** (*year*), **pieni** (*small*), **suomalainen** (*Finnish*) and **kirjallisuus** (*literature*) → **vuot-ta**, **pien-tä**, **suomalais-ta** and **kirjallisuut-ta**.

Verb is a word used to describe actions, states or occurrences, e.g. **syödä** (*to eat*), **nukkua** (*to sleep*), **tapahtua** (*to happen*).

Vowel harmony means that back vowels (**a, o, u**) cannot appear in the same word as front vowels (**ä, ö, y**). The so-called neutral vowels (**e, i**) can be combined with both groups. This has an effect on endings: words with back vowels take for example the variant -**ssa**, whereas words with front vowels or only neutral vowels take the ending -**ssä**. For example, **talossa** (*in a house*), **kylässä** (*in a village*). In compound words the ending is chosen based on the last word, e.g. **sähkö-sauna-ssa** (*in an electric sauna*).

FINNISH–ENGLISH GLOSSARY

A

aidattu	*fenced, lined with fences*
ajautua	*to end up, to drift*
ammattikoulu	*vocational school*
ammattitaito	*know-how, expertise*
ankea	*bleak*
antoisa	*rewarding*
askarrella	*to make handicrafts*

E

edullinen	*affordable*
ehdot	*conditions*
elämäntapa	*lifestyle*
erikoisohjelma	*special programme*
este	*obstacle, hindrance*
etukäteen	*in advance*

H

haapa	*aspen*
haastava	*challenging*
haave	*dream*
haja-asutusalue	*sparsely populated area*
hakea	*to apply, to seek, to search*
hankala	*difficult, tricky*
harju	*ridge*
harkinta	*consideration*
henkilökunta	*staff, employees*
hirvenliha	*moose meat*
hoikka	*slim*
hoito	*treatment, care, daycare*
holhouskulttuuri	*nanny-state culture*
huipentua	*to culminate*

huvipuisto	*amusement park*
hylätty	*fail (grade in school)*
hy-vän-te-ke-väi-syys-jär-jes-tö	*charity*

I

inkivääri	*ginger*
innokas	*keen, enthusiastic*

J

julkinen	*public*
juurilleen	*to his roots*
jäkälä	*lichen*
jäsenyys	*membership*

K

kaatopaikka	*landfill*
kalakukko	*bread with pork and vendace (a type of fish)*
kalju	*bald*
kansa	*people, folk, nation*
kasvisto	*flora*
katkera	*bitter*
kauhea	*terrible*
kauppa	*shop, trade*
kehitysmaa	*developing country*
kermainen	*creamy*
keräyskontti	*collection container*
kiehtova	*fascinating*
kierrätys	*recycling*
kihara	*curly*
kiitettävä	*distinction (grade in school)*
kokenut	*experienced*

kokoontua	to gather, to get together	luoda	to create
komennus	secondment, posting	luokka	class, grade
kooltaan	in terms of its size	luonne	personality, character
korkeapaine	high pressure	luottotiedot	credit score
koskenranta	shore of the rapids	luova	creative
kouluarvosana	school grade		

M

kovaääninen	loud	maatalous	agriculture
kuha	zander, pike-perch, Stizostedion lucioperca	mahdollistaa	to enable
		majava	beaver
kuiva	dry	masentunut	depressed
kulma	corner	metsämyyrä	bank vole
kuluttaja	consumer	minkäänlainen	no kind
kunniaksi	in the honour of	mittakaava	scale
kunto	condition, shape, fitness	muistuttaa	to resemble
kuohuviini	sparkling wine	multa	soil, earth
kuvanveistäjä	sculptor	murre	dialect
kätevä	handy	murtaa	to break, to make crumple
kääntää	to turn	myötä	with, following

L

N

laajakaista	broadband	neuvoa	to give advice, to advise
lakittaa	to put a hat on	näkötorni	observation tower
laskea	to go down (a hill), to count	näyttö	display, screen

O

leppoisa	chilled, jovial, cosy	ohjelma	programme
leppä	alder	ohrarieska	unleavened barley bread
levitä	to spread	olo	feeling
lihas	muscle	omainen	relative, next of kin
lihava	fat	omatunto	conscience
liikunta	exercise	opaste	sign, signpost
likkua	to move	orja	slave
lukio	high school, sixth-form college		

osallistua	to participate, to take part
osoittaa	to indicate, to show
ottaa yhteyttä	to get in touch

P

painos	edition
pakollinen	obligatory, mandatory
palautusaste	return rate
paristo	battery
pelto	field
perinteinen	traditional
pesiä	to nest
pikaruoka	fast food
polku	path
polttopuut	firewood
punajuuri	beetroot
punatiilinen	red-brick
pysyä hengissä	to stay alive
pyykkimäärä	amount of laundry
pyytää	to hunt, to catch, to fish
pätevä	qualified, competent
päättyä	to end
pääväylä	arterial road

R

raja	limit, border
rappu	block, stairwell
rauhallinen	calm
rautakauppa	hardware store
retki	excursion, trip
rikkoa	to break
ripustaa	to hang up

romahtaa	to fall, to collapse
runsas	rich, plentiful, abundant

S

saatavilla	available
sammal	moss
seikkailla	to have an adventure
selkeä	clear (weather)
selkävaiva	back problem
seura	company, companionship
sijainti	location
silakka	herring
sisältyä	to be included
suhteet	relations, relationship
sulake	fuse
suorittaa	to complete (studies)
suosikki	favourite
suositella	to recommend
syventävä	advanced, specialized (course)
säkenöivä	sparkling, radiant

T

taistella	to fight
takia	because of
takuuvuokra	deposit (rent)
taloyhtiö	housing association, housing cooperative
tapailla	to date
tarjoilu	service (in a restaurant)
tarpeet	needs
tarvittaessa	when needed, if necessary
tasapainotella	to balance

tavoite	goal	vakituinen	permanent
teollisuus	industry	vakuutus	insurance
tilanne	situation	valikoima	selection
toiminta	activity, action	valinnainen	optional
toiminto	function	valtiotiede	political science
toimituskulut	delivery cost	vanhainkoti	nursing home, old people's home
toistaiseksi	for the time being		
toteutua	to be realized, to take place, to come true	viivästetty	delayed
		virka	post (job)
tukeva	stocky	virrata	to flow
tukossa	blocked, congested	vuorostaan	in its turn
tunnollinen	conscientious	vuotaa	to leak, to drip
turvallinen	safe	vähittäismyyntimonopoli	retail monopoly
täydellinen	perfect		
täyttää	to fill	välttää	to avoid

U

uskollinen	loyal
uskonto	religion

V

vaativa	demanding
vaha	wax
vahvistua	to get stronger
vaihdella	to vary

Y

yhdistelmä	combination
yhteinen	shared, joint
ylennys	promotion

Ä

älykäs	intelligent
älypuhelin	smart phone

NOUN TYPES AND CONSONANT GRADATION

The noun types which can display consonant gradation from a strong basic form to a weak stem have been marked with * and the ones that have a weak basic form and a strong stem have been marked with **.

NOUN	SINGULAR STEM	PLURAL STEM
talo (*house*)	talo-	taloi-
pöytä* (*table*)	pöydä-	pöydi-
posti (*post office*)	posti-	postei-
tunti* (*hour, lesson*)	tunni-	tunnei-
järvi (*lake*)	järve-	järvi-
mäki* (*hill*)	mäe-	mäi-
kieli (*language*)	kiele-	kieli-
suomalainen (*Finn, Finnish*)	suomalaise-	suomalaisi-
uusi (*new*)	uude-	uusi-
huone (*room*)	huonee-	huonei-
osoite** (*address*)	osoittee-	osoittei-
kallis (*expensive* (adj.))	kallii-	kallii-
vieras (*guest*)	vieraa-	vierai-
rikas** (*rich*)	rikkaa-	rikkai-
puhelin (*telephone*)	puhelime-	puhelimi-
paahdin** (*toaster*)	paahtime-	paahtimi-
kerros (*floor*)	kerrokse-	kerroksi-
kokous (*meeting*)	kokokuse-	kokouksi-
yritys (*company*)	yritykse-	yrityksi-
vihannes (*vegetable*)	vihannekse-	vihanniksi-
roskis (*bin* (n.))	roskikse-	roskiksi-
kirjallisuus (*literature*)	kirjallisuude-	kirjallisuuksi-
olut (*beer*)	olue-	olui-
väsynyt (*tired*)	väsynee-	väsynei-
työtön** (*unemployed*)	työttömä-	työttömi-
tytär** (*daughter*)	tyttäre-	tyttäri-
vaikea (*difficult*)	vaikea-	vaikei-
opiskelija (*student*)	opiskelija	opiskelijoi-
mansikka* (*strawberry*)	mansika-	mansikoi-
kahvila (*café*)	kahvila-	kahviloi-
omena (*apple*)	omena-	omenoi-

makkara (*sausage*)	makkara-	makkaroi-
sana (*word*)	sana-	sanoi-
kissa (*cat*)	kissa-	kissoi-
teema (*theme*)	teema-	teemoi-
työ (*work, job*)	työ-	töi-